夜回り先生、なんでドラッグを使ってはいけないんですか？

水谷 修

東山書房

装幀　小川恵子
イラスト　おおの麻里
写真　疋田千里

はじめに

今、若者たちに、ドラッグの恐ろしい魔の手が近づいています。まず間違いなく君たち全員は、インターネットを使って探し出せば、いくらでもドラッグを手に入れることができます。また、現在十代の若者たちの半数は、二十代前半までに、「だれだれが、ドラッグを使っているらしい」、「あそこに行けば、ドラッグを手に入れることができる」など、身近でドラッグについての噂を耳にするでしょう。都市部に住む四人に一人は、「気持ちよくなるが薬あるよ」、「これを使えば幸せになれるよ」など、ドラッグの使用を誘われるでしょう。そして、四十人に一人が、ドラッグを使用し、地獄の苦しみに落ちてきます。残念ながら、私たちの国日本でも、アメリカやヨーロッパの国々のように、ドラッグ汚染が着実に広まってきています。しかも、君たち若者たちの間に。

そのようななか、私は、今までに何冊もの、ドラッグに関する本を、監修したり書いたりしてきました。でも、いつもなにか物足りなさ、不完全さを感じていました。その理由は簡単です。それらはどうしても、ドラッグの専門家の方や、学校でドラッグについて生徒たちに教える先生方、そして、君たちのそばで君たちに寄り添うご両親など大人たちに向けて、ドラッグについての正確な知識を知ってもらうために書くことになってしまい、一番知らなくてはならない君たちにとって、とても難しい本となってしまっていることでした。

そこで今回、多くの保健室の先生方の力を借りて、君たちが実際に、ドラッグについて、どんな知識を求めているのか、また、どんな疑問を持っているのか調べていただきました。私の元には、数多くの君たちの素直な質問が届きました。あっと驚くようなもの、私が苦笑いするしかないようなものもありました。しかし、どれも君たちが、日頃からドラッグについて知りたいと、こころから思っている質問でした。

この本は、その一つひとつの質問に、私のすべてのドラッグについての知識と、今までの経験を元に、必死に答えたものです。一人の教員として、決して嘘をつくことなく、包み隠さず、真実を書きました。

残念ながら、今の日本の現状では、確実に君たちのなかの多くは、人生のなかで、ドラッグの魔の誘いを受けることになります。ドラッグは、どのようなものでも、使うことなら三歳の子どもでも簡単にできます。しかし、その魔の手に一度捕まれば、そこから逃れることは、とても難しい。私は、私がこれまでに関わったドラッグを乱用した若者たちのうち、すでに五十一名の尊い命を、ドラッグによって奪われています。だからこそ、その最初の出会いに、「NO」と言うことができる、正確な知識や技術を身につけていなくてはなりません。これはそのために書かれた本です。多くの若者たちが、この本によって、ドラッグの誘いに「NO」と言う勇気と知識をもってくれることを願っています。

夜回り先生、ドラッグってなんですか？

夜回り先生、なんでドラッグを使ってはいけないんですか？

夜回り先生、もしドラッグに出会ってしまったときには、どうしたらいいんですか？

夜回り先生、
ドラッグってなんですか？

Q ドラッグってなんですか？

ドラッグ、日本語では薬物と呼ばれています。

これは、たった二つのことばで、簡単に説明することができます。一つは、「やったら止められないもの（依存性をもつ物質）」、もう一つは、「やったら捕まるもの（法律によってその使用が、禁止または制限されている物質）」です。

少しくわしく説明しましょう。まずは、依存性からです。依存には、二つの種類があります。一つは、精神的依存（こころの依存）です。君たちのなかには、スマートフォンを一日中手放せない人がいると思います。手放してしまうといらいらして落ち着かなくなる。これが、精神的依存です。精神的依存の非常に強いものとしてはタバコが有名です。もう一つは、身体的依存（からだの依存）です。身体的依存に関しては、アルコールが最も有名です。アルコールがからだのなかから切れてしまうと、手に震えが来たり、舌が思うように回らなくなり、きちんと話すことができなくなったりします。これが、身体的依存です。ドラッグは、この依存性が半端なものではありません。一度、乱用してしまえば、こころもからだも再度ドラッグを使うことを求めてきます。これが、ドラッグの一番の恐ろしさなのです。

ドラッグは、どのようなものでも、日本では、その製造、販売、所持、使用が、すべて厳しく禁じられています。特に、ドラッグの「使用」に関しては、日本は、世界で一番厳しく罰しています。大切な人生の何年間かを、刑務所で過ごすことになります。ただし、日本では、タバコとアルコールという二つのドラッグに関しては、成人（二〇歳以上）の使用を認めています。これは、決して良いことではありませんが、あまりにも多くの人たちが使用していて、禁止することができないのです。でも、君たち未成年の子どもに、販売したり使用させることは、法律によって厳しく禁じられています。

君たちのなかには、そんな恐ろしいドラッグを、なぜ多くの人が使用するのかと疑問をもつ人もいると思います。それは、ドラッグが二つの顔をもっているからです。一つ目の顔は、「微笑みかける天使の顔」。ドラッグはどのようなものでも、考えられないような快感を使用者にもたらします。一度使用してしまえば、こころもからだもその快感を再度求めてしまいます。使用すれば、警察に捕まり、刑務所に入ることがわかっていても、乱用すれば、あたまもこころもからだも壊れてしまい、いずれ死んでしまうことがわかっていても止めることができなくなってしまいます。

でも、ドラッグは、もう一つの顔ももっています。それは、「不気味に笑う死神の顔」です。乱用者は必ず、三つの死を迎えることになります。一つ目の死は、あたまの死、常にドラッグのことしか考えられなくなります。二つ目の死は、こころの死、ドラッグのためならば、愛する人を暴力団に売ったり、ドラッグを買うためには、強盗や殺人までしてもお金を手に入れようとします。そして、三つ目の死、からだの死を迎えます。ここに、まさにドラッグの恐ろしさがあるのです。

Q ドラッグにはどんな種類があるんですか？

ドラッグには、そのこころやからだへの作用から、三つの種類があります。

一つは、アッパー系ドラッグ（興奮系ドラッグ）です。今、日本で乱用されているものでは、覚せい剤やコカイン、そして危険ドラッグの一部が有名です。実は、日本で最も乱用されているこの種類のドラッグは、タバコです。これらは、使用すると、あたまやこころが興奮状態に入り、万能感や多幸感、快感をもたらします。それと同時に、からだも興奮状態になり、集中力が増し、疲労感や眠気も飛んでしまい、何時間でも起きて動き続けます。しかし、その作用が切れれば、何十倍の疲労感や鬱状態が乱用者を襲います。そして、再度乱用を繰り返すこととなってしまいます。

二つ目は、ダウナー系ドラッグ（抑制系ドラッグ）です。日本では、ヘロインやシンナー、そして危険ドラッグの一部が有名です。君たちの身近にあるものでは、当然アルコールです。これらを使用すると、あたまやこころやからだの活動、つまり思考や感覚、行動の機能が鈍り、そして低下します。これが、「ラリる」という状態です。痛みや嫌なことを感じなくなり、乱用者に、多幸感や充足感、陶酔感をもたらします。現実に問題を抱えていて苦しみ、精神的にまいっている人ほど、この種のドラッグに救いを求め、泥沼に入り込んでしまいます。

三つ目は、サイケデリック系ドラッグ（幻覚系ドラッグ）です。日本では、LSD、エクスタシーと呼ばれている錠剤型の合成麻薬MDMA、大麻、危険ドラッグの多くが、これにあたります。この種類のドラッグは、脳の一部の機能を麻痺させ、感覚を狂わせ、さまざまな幻覚を使用者にもたらします。しかし、脳への影響とダメージは大きく、乱用者は、短期間に脳の一部を破壊されてしまいます。

ただし、つけ加えなければならないことがあります。これらの三つの分類は、あくまでもそれらのドラッグの乱用初期の作用から分類したもので、大量の使用や、長期にわたる継続的乱用によっては、アッパー系ドラッグも、ダウナー系ドラッグも、幻覚や幻聴などの異常な作用を乱用者にもたらします。

君たちに忘れてほしくないことがあります。いずれのドラッグも、君たちの大切な脳に直接作用して、君たちの意志とは関係なく、さまざまな状態をつくり出します。それは、多幸感や陶酔感であったり、万能感や幻覚であったりしますが、いずれにしても強烈な快感を伴い、君たちのこころの不安や痛み、苦しみを、一時的には忘れさせてくれます。でも、それは最初だけで、それらのドラッグなしに生きることができなくなり、乱用し続ければ、君たちは、次の三つの道のどれかを歩まなくてはなりません。

一つ目の道は、刑務所の檻のなかに続いています。二つ目の道は、精神病院の檻のなかに。でも、この二つの道を歩むことができたら、まだ幸せです。ほとんどの場合、三つ目の道を歩むこととなります。行き着く先は、土のなか、つまり死です。

Q タバコやアルコール、睡眠薬もドラッグですか？

いい質問です。タバコやアルコール、睡眠薬も、依存性をもつという意味では、立派なドラッグです。世界で最も乱用されているドラッグは、この三つでしょう。なにしろ、いつでも、どこでも合法的に手に入れることができますから。

君たちに嘘は言えません。実は、私はタバコも吸いますし、アルコールも飲みます。そんな私ですら、もし、この世界にタバコやアルコールがなかったら、あるいは、私自身が若いころからその魔の手に捕まることがなかったら、どれだけのお金を貯めることができたか、どれだけ健康でいることができたかと、こころから思っています。

タバコのせいで肺がんなどの病気になって、たくさんの人が人生をきちんと生き抜くことができず、亡くなっています。また、タバコの火の不始末で、火事になり、家や財産、いのちまで失う人たちがたくさんいます。君たちも知っていると思います。このところ、国はタバコについての規制を強化しています。君たちも見たことがあると思いますが、すべてのタバコのパッケージには、タバコの健康被害について明記することが義務づけられています。タバコの煙による被害を防ぐために、タバコを吸うことができない場所も確実に増えています。

アルコールもそうです。アルコールの過度の飲用は、胃や肝臓を傷め、胃潰瘍や肝硬変などで、その人の寿命を短くします。また、飲酒運転による事故で、多くの人が命を奪われています。また、飲酒は、さまざまなトラブルや殺人事件さえ引き起こすことがあります。

睡眠薬は、医師が患者に対して、その状態に応じて適切に処方する場合は、合法ですし、一部のなんらかの理由で眠ることができなくなった人たちには、必要なものです。しかし、それも短期間に限ったもので、常に睡眠薬を使い続ければ、その依存症となり、睡眠薬なしでは眠ることができなくなってしまい

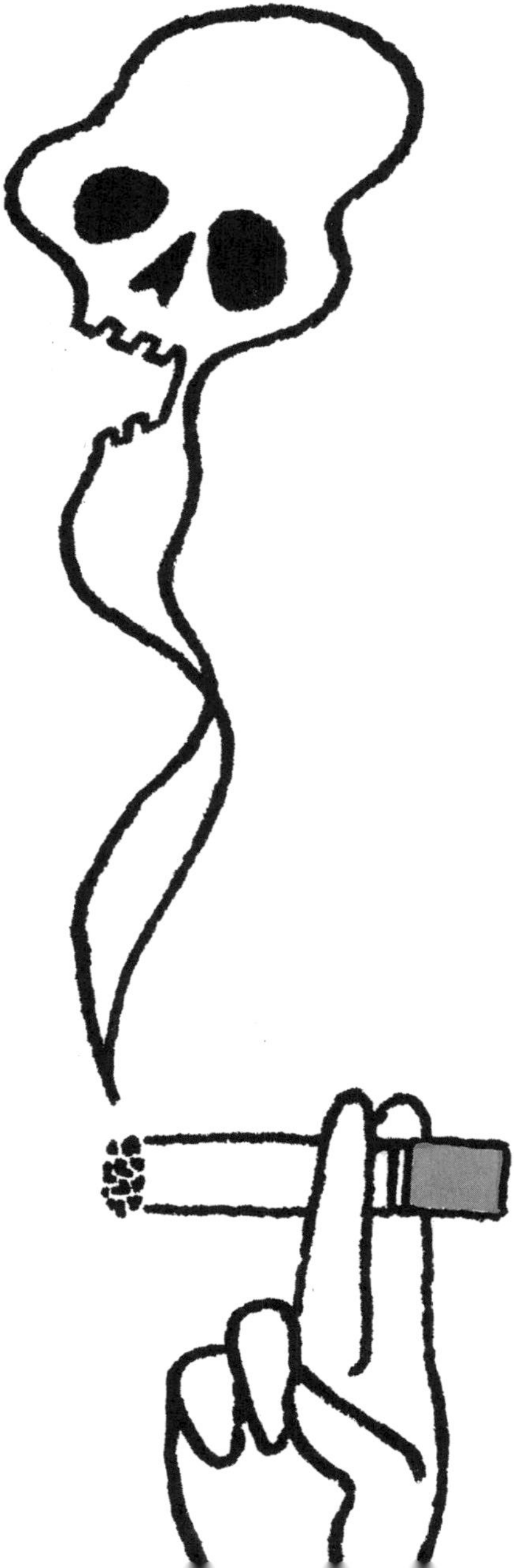

ます。しかも、あらゆるドラッグは、耐性（薬慣れ）というやっかいな性質をもっています。どんどん睡眠薬の量を増やさなくては、効果がなくなってしまいます。そして、脳の一部が壊されてしまい、日常生活をきちんと過ごすことすらできなくなってしまいます。

君たちに、私は、きちんと伝えたい。タバコもアルコールも、本当はあってはいけないものです。ただ、現在乱用する人の数が多すぎて、国が完全に禁止することはできません。でも、今はまだその魔の手に捕まえられていない君たちは、どうか使用しないでください。人生が必ず変わります。また、睡眠薬についても、本当に必要だと医師が判断したときに、必ず限られた期間しか使わないようにしてください。本当は、眠れなかったら、昼間、太陽の下できちんとからだを動かし、疲れればいいんです。なにしろ、これには、まったく副作用はありません。すべての薬は、副作用を伴います。睡眠薬をはじめすべての薬は、どうしても必要なときに、必要な量をできるだけ短期間使うべきなのです。

Q タバコとドラッグは絶対にからだに悪いと思いますが、アルコールもドラッグと同じですか？

アルコールも立派なドラッグです。特に君たち未成年（二〇歳未満）の子どもたちが使用することは、厳しく法律で禁じられています。「未成年者飲酒禁止法」という法律で、未成年者にアルコールを販売や提供した人や店は、五〇万円以下の罰金刑を受け、また営業停止などの処罰を受けます。たとえ親であっても、未成年の子どもにアルコールを飲ませれば、五〇万円以下の罰金、払えない場合は、刑務所での懲役刑、そして前科がつきます。

この二年以内に、親から勧められてアルコールを飲んだ人、すぐに警察に行って、いつ、どのような状況で、どんな種類のアルコールを、どの程度の量を親から飲まされたかを、警察に話してみてください。警察は、すぐに捜査に入り、君たちの親は逮捕されます。そして、留置場に入り、裁きを待つことになります。

これには理由があります。アルコールは、大人を含めたすべて人間のこころやあたま、からだにとって依存性もあり、有害なものです。特に君たちのような、成長期の子どもにとって、その依存性は、大人の場合よりはるかに強くなり、しかも、そのあたまやこころ、からだの健全な成長に大きな害を与えます。だからこそ、法律によって厳しく取り締まっているのです。

日本は、アルコールについては、とても寛容な社会です。歓送迎会や忘年会、新年会、会社でも親戚関係でも、なにかあれば、みんなでアルコールを酌み交わすことが当たり前の社会ですし、アルコールが入ったほうが、肩の力が抜け、本音で話すことができ、いいコミュニケーションが取れるとまで言う人がいます。でも、それは本当でしょうか。アルコールが入らなくてはできないような人間関係は、なくていいものではないでしょうか。毎年四月には、何人もの大学生が、先輩たちからアルコールの一気飲みを強要され、急性アルコール中毒でいのちを失っています。十二月には、何人もの会社員の人たちが、酔ってホームから転落したり、道路に寝てしまい、車にひかれて、いのちを失っています。また、飲酒運転によっても、たくさんのいのちが失われています。

君たちに伝えておきます。日本で、最も多くの人のいのちを奪っているドラッグは、間違いなくアルコールとタバコです。君たちのなかには、タバコを吸いながらアルコールを飲むことを、なにか格好良いことのように思っている人がいるかもしれません。そんな人は、どうぞ、タバコを吸っている人の洋服のにおいや口臭をかいでごらんなさい。どれだけ嫌なにおいか。また、口のなか、歯を見せてもらってごらん。ヤニで茶色になった歯、格好良いですか。どうぞ、夜の街に出て、アルコールに酔った人たちの姿を見てごらん。同じことを何度も繰り返して話し、大声を上げながら、ふらふら歩く姿、格好良いですか。

みなさんにお願いです。タバコ、アルコールには絶対に手を出さないでください。必ず、君たちの明日の人生が変わります。

Q すべてのドラッグが危険なものなのですか？

ドラッグ関係の本のなかには、「すべてのドラッグが危険というわけではなく、ドラッグのなかには安全にかつ楽しくつきあえるものがある」という考えを見ることがあります。これは本当でしょうか。これは確実に間違っています。極端な反論の仕方ですが、これらの本を書いた人間にこう聞けば、彼らはなんと答えるでしょう。すなわち、「ドラッグのなかにからだに良いものが、なにかありますか」と。

二〇歳を過ぎれば、喫煙が認められているタバコについて考えてみましょう。君たちの周りにお年寄りで、若いころからタバコを吸っているのに元気な人がいると思います。これはあくまで運が良かったからだということを忘れないでください。この人が肺ガンにならなかったことは、たまたま運が良かったからなのです。今や、タバコが高い確率で肺ガンを引き起こすことは常識となっています。このごろ一部の保険会社が、タバコを吸わない人の保険料を安くした生命保険を売り出しました。このことを見てもタバコの危険性がわかると思います。また、タバコを吸う人が多くのものを一生のなかで失っていることも忘れてはなりません。たとえば、体力や味覚、嗅覚を、タバコは確実に奪っていきます。

また、すべてのドラッグは、その強さには程度の差はありますが、必ず依存性という性質をもちます。すなわち、それなしではいられなくなるという性質があります。精神科の医師たちはこれを依存症という病気とみなします。つまり、自分の意志でなんとかできるような、なまやさしい依存ではなく、なんらかの治療やケアを受けることなしには断ち切ることのできない病気とみなします。この性質だけでも、あらゆるドラッグは危険なのです。

すべてのドラッグは私たちの脳や神経に不自然な刺激を与え、それを麻痺させたり、一部破壊したりします。そして、私たちの脳や神経組織は、一度壊れれば再生することはできないのです。これでも、ドラッグに危険ではないものが存在するのでしょうか。

普通の薬のことを考えてみてください。普通の薬ですら、私たちは病気になったとき、その病気に効果のある薬を決まった量、決まった期間だけ使用します。病気でもないのに薬を飲む人はいないでしょう。それは、薬というもの自体が「毒をもって毒を制する」という発想でつくられたものだからです。よく安全なドラッグと言われているものに、マリファナなどがあります。本当に安全なのでしょうか。君たちが結婚して、かわいい赤ちゃんが生まれたとき、その赤ちゃんにこれらのドラッグを使ってみますか。「赤ちゃんは小さいから、大きくなれば違う」という人もいるでしょう。しかし覚えておいてください。赤ちゃんも私たちと同じ人間です。違いは大きさだけです。赤ちゃんの場合、からだが小さいため、ドラッグの害が私たちより何倍も大きく現われるだけなのです。

私はあえてこう言います。「ドラッグのみならず、すべての薬は危険なものである」と。

Q ドラッグを使用すると気持ちよくなるのですか？

君たちに嘘はつきたくありません。正直に答えます。確かに、ドラッグは、どのようなものでも、それを使用すれば、それぞれのドラッグによって個性はありますが、使用者に快感や多幸感、充足感をもたらします。ただ一部のドラッグは、特に大麻などの幻覚系のドラッグは、使い方を間違えたり、アルコールなどの他のドラッグと併用すると「バッドトリップ」（気持ち悪くなったり、不快な幻覚を見たりすること）することがあります。また体調によっても「バッドトリップ」することがあります。

しかし、この書き方は嘘ではないけれど、不十分な、人をだます書き方です。すなわち、どのようなドラッグにも、気持ちよくなった後に地獄が待ちかまえているのです。一つの例をあげましょう。みなさんは、汗をかいた後にシャワーを浴びたり、お風呂に入ったりした経験があると思います。その後は非常にすっきりとした爽快な気分になったと思います。しかし、ドラッグは、どのようなものでも、その効果が切れると、倦怠感や不快感を乱用者にもたらします。ものによっては、死にたくなるほどのつらさやむなしさをもたらします。このため、再度気持ちよくなることを求めて乱用を繰り返すようになり、依存症という死への一歩を踏み出してしまうのです。

しかも、ドラッグは、どのようなものでも、「耐性」、薬に対するからだの慣れが急速に起こります。そのために、どんどん量を増やし、どんどん回数を増やして乱用し続けるしかなくなるのです。私が関わった、高校二年生の少女は、覚せい剤の乱用を始めてから、わずか七か月で、一日に何度も、〇・一グラムの覚せい剤を注射で打つようになっていました。ちなみに、覚せい剤の通常の一回の使用量は、〇・〇二五グラム程度、〇・一グラム程度の使用で五人に一人が亡くなると言われています。彼女は、私にいつもこう言います。

「先生、私、覚せい剤にも捨てられちゃった。どんなに打っても気持ちよくならない。でも、打たないと地獄。つらくて耐えられない。先生、助けて」

彼女は今、精神病院で、地獄のような苦しみのなかで、覚せい剤とたたかっています。

ドラッグがもたらす気持ちよさは、偽の気持ちよさです。ドラッグが脳を狂わせて、乱用者にそう思わせているだけなのです。たとえば、痛み止めの薬を思い出してください。痛み止めの薬は、痛みの原因を治療しているのではありません。ただ、痛みを感じる脳の部分を麻痺させ、痛みを感じなくさせているだけです。ですから痛み止めの効果が切れれば、痛みは再度襲ってきます。

これは私のこころからの願いですが、みなさんに本当の気持ちよさを手に入れてほしいと考えます。たとえば、努力し苦労してなにごとかを成し遂げたときの達成感や、なにごとかが満たされたときの満足感を手に入れてほしいと思います。ただ忘れないでください。この世のなかでは、本当のものは努力しなければ、決して手に入らないということを。

Q ドラッグは、ストレス解消に役立ちますか？

これは間違いなく本当です。ただし、正確にはこう言うべきです。

「ドラッグは乱用すれば、一時的にストレスを忘れさせてくれる。しかし、ドラッグが切れれば、ストレスは何倍にもなって返ってくる」

ドラッグはストレスを単に一時的に忘れさせてくれるだけです。ストレスの原因を取り除いてくれるわけではありません。ですから、ドラッグが切れれば、そこには依然としてストレスのもとが残っているのです。しかも、「自分は弱い人間で、ストレスからドラッグの力で逃げようとした」という新たなストレスのもとともに。

たとえば、君たちが友人と喧嘩をしたとします。そのときに友人から言われ

たひどいことばに傷つき、その夜アルコールを飲んでカラオケで大騒ぎをし、いい気持ちになったとします。確かに、アルコールの酔いが効いているうちは、嫌なことを忘れ、幸せになれるかもしれません。でも翌日、二日酔いで、前日喧嘩した友人と会ったとします。二人の関係に変化が生まれるのでしょうか。結局、嫌なことを忘れ続けるためにはアルコールを飲み続けるしかないのです。これが肉体的に不可能なことは、すぐわかってもらえると思います。

ドラッグの依存症になった人には、私の経験から言ってこころの優しい傷つきやすい人が多いです。それはまさに、自分のこころの傷をドラッグで癒すことを繰り返し、依存症となってしまうからです。

Q ドラッグを使うとやせるって本当ですか？

これはビールなどの一部のアルコール飲料を除いて、確実に本当です。あらゆるドラッグは、食欲を減退させます。特に覚せい剤は「やせ薬」として密売されているほど、極端にかつ短期間に乱用者をがりがりにします。覚せい剤を乱用すると、胃が縮み、食べ物が取れなくなるからです。

しかしドラッグは、女子高校生が望むようなやせ方はさせてくれません。だいたい頬や手足の肉から次第に落ちていき、次に胸、最後に腹という具合に、かえって乱用者の体型を不格好にしてしまいます。また、ドラッグの乱用を止めれば、以前より太ってしまうことが多いのです。

これでもドラッグを使ってやせようと考えますか。簡単なことですが、人間は誰でも食物を取らなければやせます。覚せい剤などのドラッグを、別に高いお金を出して買わなくてもやせることはできます。ただし、必要以上に無理にやせようとすれば、確実にからだを壊し、病気になりますが。また、ちょっと大変ですが、適度に栄養をとり、適度な運動を繰り返していくことで、自分の体重と健康を管理することができます。これならば、からだを壊すこともなく、健康的にやせることができます。

私は今、やせるための三つの方法を書きましたが、みなさんはどの方法を選びますか。当然、三つ目の方法を選んでくれると信じています。

ところで、念のためつけ加えておきますが、私は、別にやせていることが美しいなどと思ったことはありません。一人ひとりの人間には生まれながらにもっているあるべき姿があり、それこそがその人の美しさだと考えています。また、私にとっては、からだの美しさよりこころの美しさのほうが数段大切なものです。みなさんにとってはどうですか。

Q ドラッグ（危険ドラッグ）を乱用すると、からだにはどんな悪影響があるんですか？

ドラッグは、どのようなものでも、君たちの大切な脳に直接作用して、君たちの意志とは関係なく、さまざまな状態をつくり出します。それは、多幸感や陶酔感であったり、万能感や幻覚であったりしますが、いずれにしても強烈な快感を伴い、君たちのこころの不安や痛み、苦しみを、一時的には忘れさせてくれます。しかし、それと同時に、君たちの脳のなかの神経細胞を破壊していきます。

この状況は、簡単に説明できます。どうぞ、電気コードを途中で切って、線をむき出しにして、ショートさせてみてください。当然家のなかのブレーカーが飛び、そして、ショートした電線は黒く焼けてしまうはずです。これが、ドラッグを乱用した場合の君たちの神経細胞の姿です。これが、一回のドラッグの使用で、脳のあらゆる場所で一斉に起きる現象なのです。恐ろしくないですか。ドラッグは、こうして一回一回の使用が君たちの大切な脳や神経細胞を破壊していきます。その結果、集中して考えごとができなくなり、無気力になっていきます。その一方で、異常なショートを起こせば、凶暴になり、人を殺したり傷つけたりすることもあります。

ドラッグの乱用は、君たちの大切な脳や神経細胞を破壊していきます。君たちも知っていると思いますが、人間の脳や神経細胞は、再生不能です。一度壊れてしまえば、元通りに戻すことはできません。一生を、苦しんで生きなくてはならなくなります。

ドラッグは、どのようなものでも、乱用者のからだに大きな害をもたらします。ドラッグを乱用すれば、食欲が低下しますから、ものをあまり食べなくなってしまいます。その結果体重は減り、からだの抵抗力はなくなり、病気になりやすくなります。それと同時に、子どもたちの場合、成長が止まってしまいます。また、あらゆるドラッグは、君たちのからだのなかの肝臓で分解されます。肝臓に対する負担が、異常に強くなりますから、肝臓を傷め、寿命を縮めていきます。

特に、危険ドラッグは、私たち専門家にとって最も恐ろしいドラッグです。覚せい剤やコカイン、シンナー、ヘロイン、エクスタシーなど、昔からあったドラッグについては、私たちはたくさんの知識をもっています。それぞれが、脳や神経細胞などからだにどのような影響を与え、どう壊していくのかについて、すでに知っています。だから、治療法も組み立てることができます。しかし、危険ドラッグは、何千もの種類があり、しかも、それぞれが適当に、しかも実にいい加減に、化学合成によってつくられたものです。どれが、どのように作用し、どう壊していくのか、私たちは、それに関して知識がありません。ですから、対処法や治療法を確立することができません。私は、この一年で何人もの子どもたちを、危険ドラッグによって失いました。

Q ドラッグには どんな通り名がありますか?

ドラッグは、君たちの元に、さまざまに形を変えて、また、さまざまな名前で近づいてきます。

乾燥した葉に染み込ませてあり、タバコのように紙で巻いたり、パイプに詰めて火をつけてその煙を吸うものもありますし、液体で、そのにおいをかいだり、直接飲んで使用するものもあります。また、粉状で、それを鼻から吸ったり、直接口から摂取するものもあります。粉状のものを水に溶かして注射でからだに打ち込んだり、パイプやアルミホイルの上に置き、火であぶってその煙を吸引するものもあります。いずれにしても、共通しているのは、どんな形でにしろ、からだのなかに入れるということです。

また、名前も数え切れないぐらいたくさんもっています。大麻は、一般的には、「マリファナ」、「ハッシッシ」、「ガンジャ」と呼ばれます。それぞれが、大麻を表す外国語です。でも、ネットなどでは、「ハッパ」、「チョコ」という隠語で呼ばれることが多いです。これは、その形状からつけられた名前です。変わったところでは、「93（クサ）」という呼び方もあります。

覚せい剤は、通常は暴力団員や警察官は、「シャブ」、「ネタ」、「ブツ」と呼んでいます。「シャブ」は、いのちもお金もシャブりつくすことからきた呼び名です。若者たちの間では、「スピード」、「エス」、「やせ薬」などと呼ばれています。「スピード」は、覚せい剤をからだに入れると、あっという間にその効果が出ることからつけられた名前で、「エス」はその頭文字からそう呼ばれています。また、覚せい剤を乱用すると、胃が小さくなり、ものを食べることがあまりできなくなります。その結果やせることから、「やせ薬」の名前で、特に女の子たちに対して密売されています。

「バツ」といえば、エクスタシー。錠剤型のドラッグです。これも、頭文字「X」の略称です。

危険ドラッグの場合は、もう名前は数限りなくつけられています。現段階でも、二千を超える名前で、さまざまな種類のものが存在します。説明のしようがありません。ただし、形状は、限られています。ほとんどのものは、はがきの半分程度の大きさのパックに詰められて売られています。そして、その表面はカラフルというより毒々しいデザインで、名前が印刷されています。そのなかには、乾燥したハーブに合成麻薬成分が染み込まされたものが入っています。一部に、液体を小さなビンに詰めて売られているものや、粉末が詰められたものもあります。すべてに共通しているのは、どのような形態でにしろ、からだのなかに入れるものだということです。

こんなに危険なものはありません。二〇一四年には、一〇〇人を超える人たちが、この危険ドラッグの使用で、いのちを失っています。簡単に言えば、毒キノコのようなものです。君たちに聞きたい。野山に生えているキノコを、なんでも食べることができますか。できないはずです。そのうちのいくつかを食べれば、いのちを失うのですから。

Q 危険ドラッグはなにが危険なのですか?

危険ドラッグが、なんで危険なのか。それを説明しましょう。私たち専門家が、最も恐れているのは、危険ドラッグが、合法ドラッグという名前で売られているることです。使用しても、警察に捕まらないドラッグとして売られているために、数多くの若者たちが興味本位にそれを買い、使用しています。恐ろしいことです。

これまで、日本のドラッグに対する法的な規制は、成分規制といって、そのドラッグのなかに、禁止している成分があれば、それを違法ドラッグとして、規制してきました。ところが、合法ドラッグという名前で売買されている危険ドラッグは、その成分をいじり、その分子的な形を少しだけ変えてつくられたものです。ですから、かつての法律では、それを違法として取り締まることができませんでした。そして、その法的な隙間をついて、多くの若者たちの間に、その乱用が広まってしまいました。しかし、この問題は二〇一四年の三度にわたる法改正で解決しています。今では、ほとんどすべての合法ドラッグと呼ばれているドラッグが、法によって違法なものとして取り締まることが可能になっています。

実は、私たち専門家は、少し前まではこの危険ドラッグについて、甘く考えていました。二〇一一年までの合法ドラッグとして売られていたドラッグは、それこそおもちゃのようなものでした。使用した人が、だまされた、なんの効果もないと嘆くようなしろものでした。ところが、二〇一二年ごろから、これが大きく変わりました。その原因は、中国で、密造が始まったことです。中国の優秀な化学者たちが、新しい恐ろしい合成麻薬をつくり始め、そしてそれを、芳香剤や入浴剤として、日本に運びました。日本では、ドラッグに関してほとんど知識のない人たちが、適当に溶液に溶かし、そしてハーブに染み込ませ、合法ドラッグといって、組織的に店舗やネットで販売を始めてしまいました。

当然、より強い効果をより短期間でもたらし、依存性の強いものほど、長期的

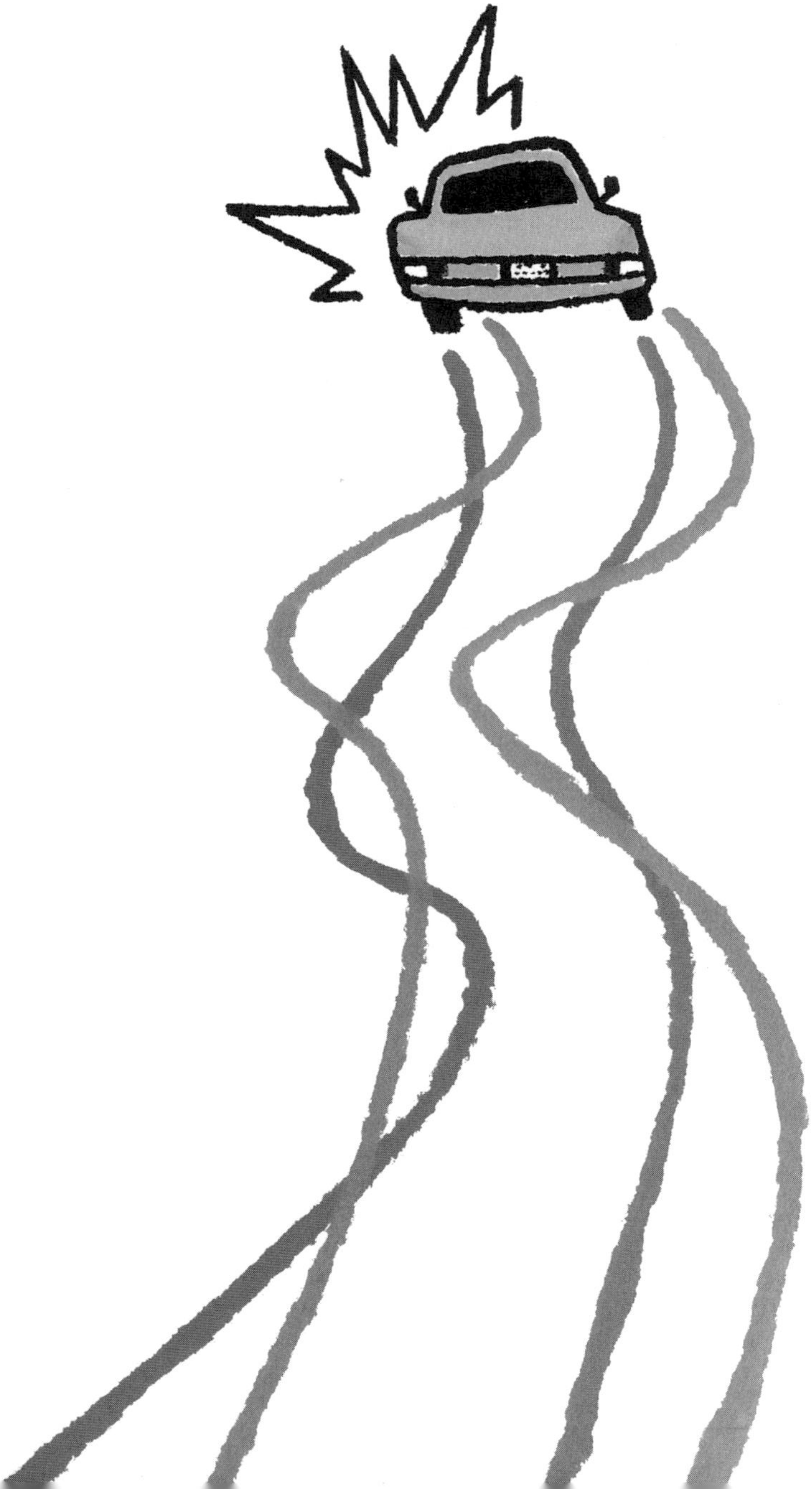

にたくさん密売することができます。どんどん強力なドラッグがつくられていきました。

みなさんは、このところ危険ドラッグ乱用による交通事故が多発していることを、報道などで知っていると思います。普通、ドラッグは手に入れても、その場で、あるいは車でそれを使用することはありません。必ず家に戻り使用します。なぜ、それまで待つことができないのか。これは、危険ドラッグの依存性の強さを示しています。手に入れたらすぐに使いたいほど、依存性の強いものなのです。

私は、この二年間で数百人の危険ドラッグを乱用した若者たちと関わりました。残念ですが、そのほとんどは、いまだに精神病院に入院したままです。脳の壊れ方がひどく、暴れてしまったり、自分を傷つけたりで、家に戻すことができないのです。危険ドラッグは、これほど恐ろしいドラッグです。

Q 危険ドラッグはバニラのようなにおいがすると聞きますが本当ですか？

危険ドラッグ自体は、そのままではにおいはありません。形状は、もっとも乱用されているハーブ系の危険ドラッグの場合は、乾燥したハーブの葉に、白い粉がまぶされています。実は、その白い粉が危険な合成麻薬です。でも、それ自体は無味無臭です。ただし、それを染み込ませているハーブが、燃えるとにおいを出します。ただ、そのにおいは、バニラのように甘いものというより、なにか青臭い生の葉を焦がしたときのにおいです。

ここで、君たちに教えておきたいことがあります。君たちは、友人や恋人の部屋に遊びに行くことがあると思います。そんなとき、その部屋でお香のにおいがしたらどうしますか。君たちにお願いです。お香のにおいがしたら、すぐに逃げてください。まずは高い確率で、その友だちや恋人は、大麻や危険ドラッグを乱用しています。また、部屋で灰皿があったら、そのなかを見てください。黒い灰があったら、もう一〇〇%、大麻や危険ドラッグを乱用していると思ってください。その場合は、すぐに一一〇番。警察に連絡です。君の大切な人のいのちを守るためにも、君たち自身を守るためにも、それが最良の解決法です。

つけ加えておきます。もし、その部屋に、大量の水のペットボトルがあり、友人や恋人が急速にやせてきていたら、そのときは覚せい剤です。覚せい剤の乱用は、異常な脱水症状を乱用者にもたらします。ですから、部屋のなかには、何本も水のペットボトルを用意します。また、覚せい剤の乱用は、胃が覚せい剤を使用すると急速に収縮するため、ものを食べることができなくなり、異常なやせ方をします。

いずれにしても、危険には近づかないことです。特に、自分の愛する人がドラッグを乱用すると、必ずと言っていいほど、自分の愛の力で救おうとします。でも、これは不可能です。ドラッグは、その乱用初期から、乱用者のあたまとこころを壊します。つまり、ドラッグによって乗っ取られてしまいます。目の前にいる愛した人は、すでにドラッグによって、あたまとこころを乗っ取られてしまった違う人なのです。愛の力でドラッグに勝つことは、まずできません。それどころか、君たち自身が、愛した人からドラッグを使用させられたり、あるいはドラッグを手に入れるお金のために風俗に売り飛ばされたりします。私は、今まで数多く、そのようなケースと関わってきました。後に残るのは、哀しみと限りない憎しみだけです。ともかく、身近な人が、ドラッグを乱用したら、まずは逃げること。それを忘れないでください。

夜回り先生、
なんでドラッグを使ってはいけないんですか？

Q どうしてドラッグを使ってはいけないのですか？

私は、今までたくさんの若者たちから、この質問を受けてきました。できるだけていねいに答えていきましょう。

ドラッグはどのようなものでも、体内に入るとまずは脳に直接作用し、簡単に言えば、脳をショートさせて、快感や多幸感、万能感や幻覚などをもたらします。これは、強烈な快感を伴う快体験であり、使用した人のこころの不安感や痛みを忘れさせてくれます。それならば『つらいときや哀しいとき、ドラッグに救いを求めてもいいのでは』、あるいは、『たまには、そんな快体験を楽しんでみてもいいのでは』、そのように考える人たちがたくさんいます。でも、それは乱用初期だけの幻想です。ドラッグはどのようなものでも、強烈な依存性と耐性をもちます。すぐに、ドラッグなしではつらくて生きられない状況に陥り、しかも、耐性つまり薬に慣れてしまうことから、より多量に使わなくては効果が得られなくなります。そして、脳が破壊されていきます。

まず、ドラッグが壊すのは、乱用者のあたまです。乱用者は、常にドラッグのことしか考えられなくなり、それ以外のことには無気力となってしまいます。当然、友人とつきあうことも働くこともできなくなってしまいます。

次に、ドラッグが壊すのは、乱用者のこころです。乱用者は、ドラッグを手に入れるためには、また乱用を続けるためには、どんなことでもするようになってしまいます。愛する人を風俗に売り払った青年もいます。親を刺してまで、お金を奪おうとした少女もいます。どんな悪いことをしてでも、犯罪を犯してでも、ドラッグを手に入れようとします。

最後に、ドラッグが壊すのは、乱用者のからだです。生きる屍のような姿になり、ぼろぼろの状態で死を迎えることとなります。みなさんは、ドラッグを乱用して、自分の明日を壊したいですか。

また、多くのドラッグ乱用者が、よく言うことばがあります。

「どうせ、壊れるのは自分自身。自分が壊れてもいいと思っているなら、使ってもいいじゃないか」

でも、これは、無責任な間違った考えです。考えてみてください。私たちは、生きている以上、必ず誰かの世話にならなくてはなりません。ですから、そのお返しをしなくてはならない。君たちの場合は、将来に備えて勉強することや、家の仕事のお手伝いをすること。私たち大人の場合は、きちんと働き、税金を納めることや年取った親の面倒を見ることで、お返しをしていきます。でも、ドラッグ乱用者はそれができなくなってしまいます。誰かが、彼らを支えなくてはいけないのです。ドラッグ乱用者のこのことばは、甘え以外のなにものでもありません。

確かに、長い人生のなかには、つらいとき、苦しいときは、たくさんあります。私にも数えきれないぐらいありました。でも、それに耐え、まじめに明日に向かって努力し続けるからこそ、ドラッグがもたらす、つかの間の嘘の幸せではない、本当の幸せが手に入るのです。

Q どうしてからだに悪いと知っていてドラッグに手を出すのですか?

ドラッグには、二つの恐ろしい性質があります。一つ目の性質は、どのようなものでも、考えられないような快体験を使用者にもたらすということです。その快体験は、普通の生活のなかでは、まず得ることができないほどの強烈なものです。そして、一度のドラッグの使用から、その虜にされ、また使用したくなり、乱用していきます。私の周りには、かつてドラッグを乱用していたたくさんの人たちがいます。彼らは、常に私に言います。

「もう何年もドラッグを止めているけど、一人っきりで部屋にいて、目の前にドラッグがあったら、自分は確実にまた使う。あのときの快感が、忘れられず、必ず使ってしまう」

何度も警察に捕まり、人生の半分以上を刑務所で過ごした人たちですら、こう言います。

ドラッグを乱用すると、人生にとって大切な三つのものを順番に捨てていきます。一番最初に捨てるのは、社会です。学校よりドラッグ、会社よりドラッグ。家にこもり乱用し続けることとなります。次に捨てるのは、人です。家族よりドラッグ、友人や恋人よりドラッグ。人との関係を切っていきます。そして、最後に捨てるのは、いのちです。たとえ、もう少し使えば、自分が死にそうだとわかっていても、乱用してしまいます。ドラッグのもたらす快体験は、それほど恐ろしいものです。一度でも、それを体験すれば、普通の生き方はできなくなります。一生、また使いたいという強い欲求とたたかいながら、苦しんで生きることとなります。

二つ目の性質は、依存性です。実は、私はタバコを吸います。よくドラッグを乱用した若者たちから言われることばがあります。

「先生は、絶対ドラッグには手を出すなよ。タバコみたいに弱い依存性のドラッグですら、止めることができないんだから、その数千倍、数万倍依存性の強いドラッグを乱用したら大変なことになってしまう」

ドラッグはどのようなものでも、短期間に乱用者を依存症という病気にしてしまいます。常にドラッグを求め、からだのなかからドラッグが切れれば、いらいらしたり、落ち着かなくなったり、集中できなくなったりと、普通の生活を送ることができなくなってしまいます。ものによっては、手に震えがきたり、暴れ回ったりと、身体的な危険な症状を伴うこともあります。

ドラッグの乱用者は、あたまもこころもからだも、ドラッグによって乗っ取られてしまいます。その結果、乱用の行き着く先が、刑務所や墓のなかだとわかっていても、止めることができないのです。

Q ドラッグを使うと、法律ではどんな罰則があるんですか？

私は、よく講演会で、中学生や高校生、大学生に聞きます。

諸外国と日本と、どちらがドラッグの使用に関して、厳しく罰せられるか。

まず、間違いなく多くの人たちが、諸外国と答えてくれます。でも、これは、大変な間違いです。実は、ドラッグの使用に対して、世界で最も厳しく罰しているのは日本です。諸外国の場合、ドラッグに関しては、死刑の判決が出ることがあり、それが新聞やネットで報道されていることから生まれた誤解です。

確かに、中国やフィリピン、インドネシア、タイやマレーシア、イラン、トルコなどの国々では、ドラッグに関して死刑の判決が出されます。でも、それは、「使用」に対してではなく、「製造や販売、一定量以上の所持」に対してです。

単なる使用については、死刑の判決が出ることはまずありません。一部の国では、乱用者に対しては、施設で保護したり、矯正教育を受けさせたりと、日本よりはるかに手厚く社会復帰のための施策がとられています。ここには、ドラッグの製造や販売、一定量以上の所持は、社会を混乱させ国家を破滅に導く凶悪な犯罪だから厳しく処罰しなくてはならないけれど、ドラッグの乱用者は、社会的な被害者であり、その更生こそがまずは政府や社会の役目であるという観点があります。このところ、日本でもこの考え方が広まってきています。ドラッグを使用して最初に捕まった初犯の人たちに対して、教育と矯正を目的とする新しいタイプの刑務所がつくられています。でも、それは「施設」ではなくて、「刑務所」。檻のなかで過ごさなくてはなりません。

日本の場合は、ドラッグの「使用」は、厳しく罰せられます。日本には、ドラッグを取り締まる法律は、五つあります。まずはドラッグ四法、「大麻取締法」、「覚せい剤取締法」、「麻薬及び向精神薬取締法」、「あへん法」です。そして、シンナーを取り締まる「毒物及び劇物取締法」。この五つの法律で、ドラッグは禁止されています。そして、使用した場合は、警察によって逮捕され、留置場で数週間留置され、その後裁判所で判決を受けることとなります。成人の場合は、初犯なら、運が良ければ、「執行猶予」。一定期間あらゆる犯罪を犯すことなく、きちんと生活すれば、刑務所に行かなくても済みます。しかし、前科は残ります。当然ですが、高校生や大学生の場合は、学校を辞めることになり、履歴書の賞罰の欄には、一生その前科を書かなくてはならず、人生に大きな影響が残ります。成人の場合も、まず、間違いなく仕事を失います。これは、芸能人がドラッグで逮捕されたときのことを思いだしてもらえればわかります。少なくとも、社会から一定期間、下手をすれば永遠に葬られてしまうこととなります。哀しいことですが。

　君たちに聞きたい。こんな重い罰を受け、人生をすべて失ってしまう、それどころか、愛する人や家族も失い、最後にはいのちまで失ってしまう。そんなリスクをおかしてまでドラッグを使いたいですか。私は、君たちにそんな道を生きてほしくはありません。私は、すでに多くの子どもたちを失いました。

Q 危険ドラッグを取り締まる法律はないのですか？捕まったらどんな罪になるのでしょうか？

いい質問です。実は、合法ドラッグと称する危険ドラッグに関しては、そのなかに、違法ドラッグや指定ドラッグの成分が含まれていない限り、ずっと取り締まることができませんでした。しかし、二〇一三年から二〇一四年にかけて、四回にわたり「麻薬及び向精神薬取締法」、「薬事法」を改正することで、今では、ほとんどすべての危険ドラッグを、その輸入、製造、販売、使用と、すべてに関して、取り締まることができるようになりました。ですから、今は、危険ドラッグと呼ぶより、違法ドラッグと呼べば済みます。もう日本には、法律から逃れて使うことのできるドラッグは、ほとんど存在しません。

使用して捕まった場合は、他のドラッグと同じように、警察により逮捕、拘留され、取り調べを受け、成人の場合は、地方裁判所に送致され裁判で裁かれることとなります。少年の場合は、通常は、鑑別所に送られ、そこでの調査官による調査の後で、家庭裁判所で審判を受けることとなります。「麻薬及び向精神薬取締法」という厳しい法律で裁かれることとなります。

みなさんは危険ドラッグを使用して、警察に捕まり、裁きを受けるのは不幸なことだと思いますか。私は、そうは思いません。むしろ、幸せなことだと考えています。私たち専門家は、危険ドラッグを、覚せい剤や大麻などよりはるかに恐ろしいものと考えています。現実に、二〇一二年以来、つまり現在のタイプの危険ドラッグが販売されて以来、毎年数千人の人たちが、危険ドラッグを乱用してすぐにからだがおかしくなってしまい、救急車で救急搬送されています。そして、二〇一四年には一〇〇人以上がいのちを失っています。

私がこの三年間で関わった危険ドラッグを乱用した若者たちのほとんどすべてが社会復帰できず、その後遺症に苦しみ、また少なくない若者たちが、長期にわたり精神病院の隔離病棟から出ることができなくなっています。その理由は、脳の壊れ方が異常で、興奮状態に入るとなにをするかわからないからです。また、私が関わった中学生の少女は、錯乱状態のなかで、抱きかかえてくれていた母親の肩をかみ切りました。報道もされましたが、錯乱状態のなかで自分の腹を切り裂き、腸をばらまいて亡くなった若者もいます。

警察に捕まれば、少なくとも危険ドラッグを乱用することはできません。いのちを失わなくて済む、他の人に危害を与えなくて済む。それだけでも、警察に捕まることは、乱用者にとって幸せなことだと、私は考えています。

君たちにお願いです。君たちにとって、大切な仲間や、愛する人、あるいは大切な家族が、ドラッグの魔の手に捕まってしまった場合は、絶対に守らないでください。守ってくれる人がいれば、乱用者はまだ自分は大丈夫だと、さらに乱用を繰り返し、さらに悪い状態へと落ちていきます。本当は、警察に君たち自身が相談することが一番ですが、それができない場合には、私たち専門家に相談してください。ドラッグには、愛の力では勝負できません。

Q ドラッグで捕まったら、どういう経過をたどるのでしょうか？ 裁判所や少年院に行きますか？

私にとって、あまり答えたくない質問です。でも、私の今までの経験から正直に答えましょう。ここでは、少年、すなわち未成年の場合だけを説明します。

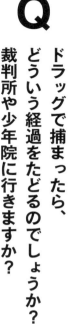

まずは、初犯、つまり一回目に捕まった場合です。君たち少年の場合も、二〇日程度警察署内の留置場に入れられ、警察から取り調べを受けることとなります。そして、どのようにして手に入れたのか、誰と一緒に使用したのか、どの程度の量をどの程度の期間乱用したのかなどの調書がつくられます。そして、その後、鑑別所に送られ、そこで、中学生か高校生以上かによって日数は違いますが、三週間から四週間、家庭裁判所の調査官による調査が行われます。

調査官は、君たちがなぜドラッグの使用に至ったのか、このような犯罪を犯すことになったのか、君たちからの聞き取りや家族、学校の先生たちへの調査などで、きちんと調べます。そして、家庭裁判所による少年審判となります。家庭に保護能力があると判断されれば、初犯ならば、ほとんどの場合、保護観察処分となります。その後、家に戻り、一年から一年半、きちんとした生活を送れば、処分は解かれます。施設には入らなくて済みます。家庭に保護能力がないと判断されれば、中学生までの場合は、児童自立支援施設に数か月入ることとなります。高校生以上でしたら、少年院に入ることとなります。そこで矯正教育を一定期間受けなくてはなりません。ただし、初犯といっても、友人や誰かにドラッグを譲り渡していた場合は、罪が重くなります。初犯でも少年院送致になることがほとんどです。ただし、少年の犯した犯罪ですから、前科となることはありません。

次に、二度目や三度目に捕まった場合は、まず間違いなく、少年院送致となります。少年院で、一定期間、規則正しい生活のなかで、法務教官と呼ばれる先生たちから教育を受けることとなります。私は、日本中の少年院で、保護されている子どもたちに講演をしていますが、そこでは規則正しい、でも、君たちから見たら相当厳しい日々を送ることになります。

ここまでは、法律上の罰について書きました。でも、君たちが受ける罰は、それだけではありません。中学生ならば、私立の学校でない限り退学処分はありませんが、高校生や大学生の場合は、ほとんどの場合、退学処分を受けることとなります。当然、それまでの友人も失うことになりますし、状況によって、もしも派手な報道がされれば、君たちの親は仕事を失い、今まで住んでいた場所に住むことも難しくなってしまいます。

ドラッグの乱用は、よく「自己完結型の犯罪」と言われます。使用に関して、被害を受けるのは使用者本人で、誰にも迷惑はかけていない、被害者は自分だけだという意味です。これが、ドラッグの乱用が若者たちに広がる一因にもなっています。でも、それは、嘘です。ドラッグの乱用は、君たちの家族も愛する人も、大切な友人までも傷つける立派な被害者のいる犯罪です。

Q 「ドラッグに手を出さざるを得ない」状況なんてありますか？

これは、私の経験から、二通りあります。

一つは、暴走族などの非行集団で、強制的にドラッグを使われるケースです。かつて、私が関わった女子高校生は、高校一年のときに、友人から誘われ、暴走族の集会に参加し、その夜、彼らに乱暴されました。そして、覚せい剤を打たれました。覚せい剤漬けにされ、その代金のためだといって夜の街で売春をさせられました。私は、夜回りで彼女と出会いました。彼女を保護し、関わった暴走族を、警察に通報し検挙してもらいました。

また、地方出身の一七歳の少女は、夏休みに家出して新宿で遊んでいるところを、非行集団に連れ去られました。覚せい剤を打たれ、依存症になったとこ

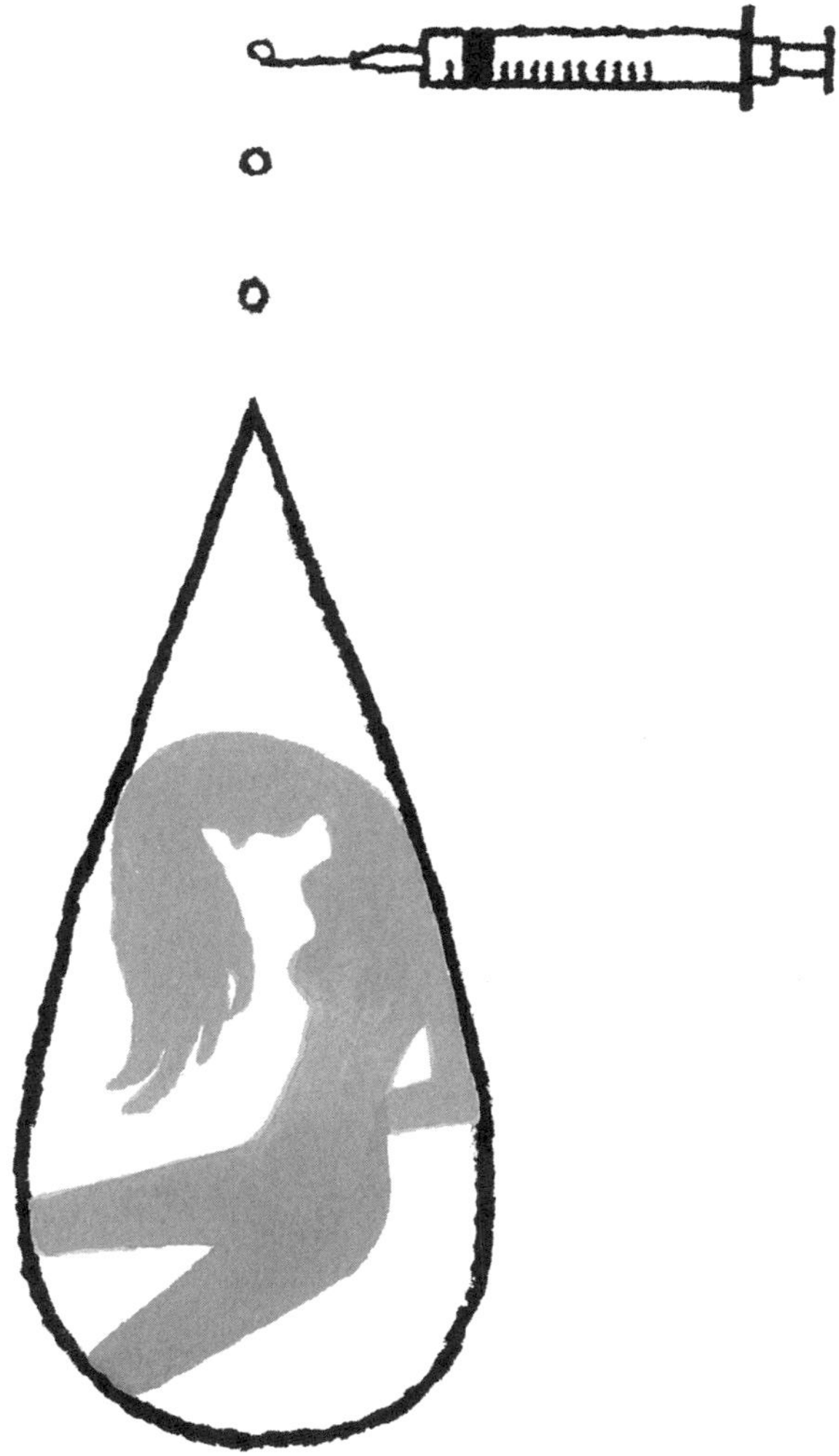

ろで、群馬県の風俗店に売られたのです。彼女の客となった青年が、彼女の話を聞いて、私に連絡してくれました。当然、関わった連中は、すべて刑務所に追い込みました。この二つのケースのように、女性が、夜の街を不用意にさまよったり、遊んでいて、非行集団によって無理やりドラッグを使われるケースはたくさんあります。

実は、もう一つ、恐ろしいケースがあります。多分君たちにとっては、こちらのケースのほうが、身近だと思います。具体的な例をあげましょう。

夏休みに、仲の良い四人組の女子高校生たちが、そのうちの一人の彼氏である大学生に誘われてクラブに行きました。みんなでアルコールを飲み、踊り楽しんでいたとき、大学生がおもむろに危険ドラッグを吸い始めました。そして、彼女たちにも勧め、一人の少女をのぞいて全員が吸いました。その一人の少女は、タバコを吸った経験もなく、また怖くて吸えなかったそうです。その少女が、次の日に、私に相談してきました。自分は、直接は危険ドラッグを吸っていないけど、その煙は吸っている。それでも罪になりますかと。これも、警察が介入し、大きな事件となりました。

このように、親しい友人から勧められ、断ることができず、ドラッグを使用してしまう場合があります。このようなケースから、最終的にはドラッグの魔の手に捕まり、警察に捕まった若者たちもたくさんいます。君たちはどうですか。恋人や親しい友人から、ドラッグを誘われたとき、断る勇気がありますか。

覚えておいてください。君たちにドラッグを勧めてくる恋人や友人は、悪魔です。君たちのことを大切に思っていたら、人に破滅しかもたらさないドラッグを君たちに勧めたりはできないはずです。そんなときは、すぐにその場から逃げることです。決して、彼らを止めたり、お説教したりしないことです。すでに、彼らのこころはドラッグによって変えられています。なにをするかわかりません。そこにいるのは、君たちが大切にしていた彼、君たちが愛した彼ではありません。それほど、ドラッグは恐ろしい魔物です。

最後に、このような状況にならないための、一番の方法を教えましょう。それは、夜の街に出ないことです。

Q ドラッグの魔の手にはまるのは、弱い人間だからですか？

これは、完全に違います。私は、断言できます。私には、ドラッグ依存症に苦しみながらたたかっている数多くの仲間がいます。彼らは決して、弱い人間ではありません。みなさんとまったく同じ人間です。どんな人間でもドラッグを乱用すれば、その魔力によって弱い人間にされてしまうのです。ドラッグを相手にして強い人間など存在しません。

私には、ドラッグとのたたかいで兄のように尊敬し、慕っている人がいます。彼はダルクと呼ばれるドラッグ依存症者の自助グループのリーダーの一人として、日々ドラッグとたたかっています。彼は二〇代で暴力団の組長となり、数十人の組員を動かしていたほどの男です。今の彼からも、その度胸と意志の強さは十分にわかります。その彼がたまたま友人に勧められ、売り物の覚せい剤に「一回ぐらいは」と手を出してしまったそうです。そして彼は、それから十数年、覚せい剤の魔の手に捕らわれました。彼は自分の「組」も、なにもかも失い、どん底まで行き着き、ダルクに救いを求めました。そして、ダルクの仲間とともに依存症とたたかい、現在を迎えています。

彼は今、多くのドラッグの依存症の若者たちとともに生活し、彼らの更生のためにつくし、その一方で、中学校や高等学校などで年間二〇〇回前後の講演を行っています。そして、多くの若者たちにドラッグの本当の姿を、自分の体験を通して語っています。意志の弱い人間にこのようなことができるでしょうか。これは彼の人生を破壊したドラッグとのたたかいであり、また、彼自身のドラッグを「また乱用したい」という欲望とのたたかいのように私には見えます。そして間違いなく、彼のこのたたかいに終わりはありません。彼が生きている限り続いていきます。彼が私によく、こう言います。

「先生、意志の強いやつは病気にならないかい？　意志の強いやつは病気を意志の力で治せるかい？　無理だろ？　ドラッグも同じさ。どんな意志が強いやつだって、一回でもはまってしまえば逃げられない。これは病気なんだ。使い続けなきゃいられない、依存症という病気なんだ」

私は彼のこのことばがよくわかります。

すべてのドラッグは、その依存性（ドラッグなしではいられない）という魔力で、あらゆる人から意志の力（なにかを自分で決める力）を奪います。ドラッグの前に、私たち人間はあまりに弱く小さな存在なのです。

Q ドラッグをやるって、なんか格好良くないですか？

ドラッグを使用することが、なにか格好良いことのように思い込んでいる若者たちがいます。特に、クラブで踊る若者たちや、サーファー、スノーボーダーに多いようです。ドラッグを、若者の一つの文化と考えている人たちもいます。とても、困ったことです。ドラッグの本当の姿を知らない人たちが、勝手に思い込んでいることです。

でも、君たちが今こう思っているとしたら、気持ちはよくわかります。たとえばタバコです。私も子どものころ、大人がタバコを吸い、煙をたなびかせている姿にあこがれました。今でも、渋い俳優がテレビでうまそうにタバコを吸っている姿を見ると、「格好良いなあ」と感じます。

また、アルコールに関しても、君たちがやってみたいとあこがれる気持ちもわかります。若い人気タレントがテレビで、うまそうにアルコールを飲み干す姿を見れば、誰だって「格好良い」と思い、自分もやってみたくなるでしょう。

たとえ、覚せい剤やマリファナなどの他のドラッグでさえ、君たちの先輩や仲間がやっているのを見れば、「すごい、俺も」とやってみたくなるでしょう。でもこれはドラッグのうわべだけを見ているに過ぎないのです。

タバコを乱用すれば、口だけでなくからだ中が臭くなります。また、歯はヤニで茶色く染まります。これが格好良いのでしょうか。アルコールを過度に乱用すれば、酔っぱらってしまい、人によっては、吐いたり、暴れたり、騒いだり、道ばたで場所も考えず寝てしまったりします。なかには、大便や小便を垂れ流してしまう人すらいます。みなさんもこうなった人を見たことがあると思います。これが格好良いのでしょうか。

これは他のどんなドラッグでも一緒です。乱用の行き着く先には惨めさしかありません。私の知っている限り、ドラッグを乱用して格好良く生きている人は一人もいません。みなさんは、決してだまされないでください。ドラッグの本当の姿を忘れないでください。

Q 普段飲んでいる薬（市販薬）と、ドラッグを分ける基準はなんですか？

これは、非常に簡単に答えることのできる質問です。

市販薬は、通常、薬局で販売されています。そして、そのケースには、製造元、販売元、製造年月日、そして使用期限がきちんと明記されています。パッケージのなかには、その使用法や使用上注意すべきこと、また副作用について、きちんと書かれた説明書が入っています。もう少し、くわしく説明すれば、市販薬は、製薬会社が多額の費用をかけて、病気に対してその治療に役立つ薬を開発し、それを動物や人間に対し、何年もかけ、治験といいますが、実際にその効果や副作用を調べ、その上で厚生労働省が、一般への市販を認めた薬です。ですから、その正式な使用法に則って、必要なときに、医師や薬剤師の指導の下に使用する場合は、君たちのそのときの病気の治療に役立ちます。

でも、気をつけてほしいことがあります。これらの市販薬でも、複数の薬を組みあわせて使ったり、あるいは、多量に一度に使用することは、君たちのいのちにも関わる危険な行為です。なにしろ、薬はすべて毒です。必要なときに適切な量を使うことを想定してつくられています。市販薬でも、一部の薬は、多量に同時に使用すると、ドラッグと同様に、君たちのあたまやこころ、からだを破壊していきます。

その一方で、ドラッグのケースには、製造元も販売元もなにも書かれていません。それどころか、覚せい剤や大麻などの場合は、その粉や葉が、無造作に「パケ」と呼ばれる透明なビニールケースに詰め込まれています。説明書も入っていません。当然これらは、きちんとした製薬工場で、一定の管理の下でつくられたものではありません。特に、危険ドラッグは、マンションなどの一室で、実にいい加減につくられています。当然品質は一定ではありません。そのために、死人まで出ることになってしまっています。

私は以前、危険ドラッグの製造に関わり自ら危険ドラッグを使用し、そして乱用を繰り返し、救いを求めてきた若者と関わりました。彼は、数回、危険ドラッグを使用して救急車で病院に運ばれ、九死に一生を得ています。彼は、こう言っています。

「先生、こんなに恐ろしいものだとは思わなかった。中国から芳香剤として運ばれてきた粉を、バスタブでベンゼンに溶かして、それをハーブに染み込ませ、乾燥させた。だいたい三グラムずつパッケージに詰めて、販売店に卸していたんだ。すごいもうかった。暴力団にみかじめ料をはらっても。でも、こんなのたいしたものじゃないって、甘く見てた。だから、自分でも試してみたんだ。商品としてパッケージできなかった残りのかすを吸っただけで、一発救急車。そして止められなくなった。こんな恐ろしいものはない」

薬は、君たちのいのちと健康を守るためにつくられたもの。ドラッグは、君たちから、お金といのちを奪うためにつくられたもの。こう答えれば、わかってもらえると思います。

Q ドラッグは一度でも手を出したらダメと言われるが本当？芸能人で復帰して活躍している人もいます。

ドラッグの使用について、よく「一回ぐらいは」とか、「一度だけなら」ということばを若者たちから聞きます。私は、嘘をつきたくありませんから、本当のことを言います。確かに、一度ぐらいなら肉体へのその影響がほとんどないのは事実です。しかし、一度で済まないのがドラッグの怖さなのです。

ドラッグが、私たちにもたらす快感は正常なものではありません。一度でも乱用すれば、その快感の体験が脳の記憶中枢に刷り込まれてしまいます。私の知っている若者は、好奇心から「一度だけ」と、覚せい剤に手を出したそうです。それから半年後に、彼は友人から目の前に覚せい剤を見せられ、「一緒にやろうぜ」と勧められました。彼は「やばいなあ」と最初は思ったそうです。でも、「もう一回ぐらい大丈夫」と考え、その覚せい剤に手を出しました。そして、おきまりのコースです。今、彼はドラッグ依存者の自助グループに通っています。彼はこう言っています。

「俺は昔から意志の強いほうだったから、覚せい剤を使うたびに、今度が最後って自分に言いきかせていたんだ。でもだめだった。先生、あれは意志でどうのこうのできるもんじゃないよ」

こう憶えておいてくれるといいでしょう。ドラッグを一度でも乱用したならば、必ず、ドラッグをもう一回使いたいという強い欲望が生じます。その欲望と一生たたかい続けなければならなくなります。そしてドラッグの種類によっては、このたたかいに勝つことは非常に困難なことなのです。

確かに芸能人で、一度ドラッグの乱用で逮捕され、復帰して活躍している人もいます。でも、注意して見てください。復帰しているのは、すべて売れる芸能人。つまり、彼らの所属しているプロダクションにとって、金になる芸能人のみです。当然、彼らは金の成る木ですから、プロダクションは、常に彼らに人を配置し、見張らせ、日々の行動を管理しています。ですから、再度ドラッグに手を出すことができないのです。その一方で、何度も逮捕される芸能人もたくさんいます。彼らに共通するのは、すでに、売りものにならない人たちだということです。ですから、誰も守ってくれない。なまじ、かつて人々から注目され、華やかな日々を過ごしていますから、その寂しさのなかで、再度ドラッグにつかの間の救いを求めてしまうのです。

また、これも忘れないでください。芸能人が、ドラッグを乱用して逮捕されるのは、どのようなときかを。ブームが去り、忘れ去られようとするときです。そんな寂しさによるこころの隙間に、ドラッグが魔の手を伸ばしてきます。私が、いま関わっている一人の元芸能人は、私にこう言います。

「芸能界なんて、虚飾の世界。周りはいつも敵。笑顔のなかには、いつも敵意。シャブにでも救いを求めなきゃやっていけなかった。それでも、人気があるときはセーブしてた。でも、人気がなくなったら、もうシャブだけが友だち。そして、こんなざま」

これが、本当のことです。

Q ドラッグ依存の人は、どんな状態になると「復帰」と言えるのですか？

復帰ということばは、なにかあいまいですから、回復と言い換えましょう。ドラッグを乱用した人が、いつ回復できるのか。答えはただ一つ。完全な回復は、永遠にありません。ドラッグは、どのようなものでも、一度一度の使用が、それを乱用した人の脳と神経系を破壊します。脳や神経系は、一度壊れれば再生不能、つまり多少の回復はあっても、決して元通りにはなりません。ですから、完全な回復は存在しないのです。

ただし、依存症という部分でみた場合は、専門家の間では、乱用した期間の三倍の期間使用しなければ、再度ドラッグを使用したいという依存症からは、回復すると言われています。つまり、三年乱用した人の場合は、九年。十年した人の場合は、三十年たてば、依存症からは解放されます。

ただ、その一方で、あらゆるドラッグには、「フラッシュバック（再燃現象）」というやっかいな副作用があります。つまり、ドラッグを止めて何年かたっても、アルコールや風邪薬、あるいはドラッグそのものを使用すると、乱用期の一番ひどい状況まで、一瞬で戻ってしまうという現象です。私の大切な教え子で仲間だった人がいます。定時制高校での教え子ですが、そのころから覚せい剤の魔の手に捕まり、卒業後、私の元に助けを求めて来ました。それから、一八年、覚せい剤を使うことなく、それどころか、ドラッグ依存症者の回復施設の施設長として、後輩たちを助けてきました。しかし、三年前、胃がんになり入院。がんによる痛みを抑えるために、医師が痛み止めを点滴した直後にフラッシュバック。彼が愛した妻と幼い子の目の前で半狂乱となり、四階の病室の窓から飛び降りていのちを失いました。

一度でも、ドラッグを乱用した人は、常にこの「フラッシュバック」の恐怖ともたたかわなくてはなりません。アルコールは、当然危険ですし、風邪薬や解熱剤も、よほどのことがなければ、使うのは危険です。

これで、わかってもらえたと思います。ドラッグを一度でも乱用した人は、一生ドラッグへの欲求や、その副作用とたたかって生きなくてはならないのです。だからこそ、ドラッグとの最初の出会いのときに、ＮＯと言う勇気をもつことが大切なのです。

Q ドラッグの病院にかかると、治療費はいくらくらいかかるのですか？

これは、難しい質問です。通院なのか、入院なのか、また、その期間によって異なります。通常、ドラッグの乱用者の場合、その解毒から治療、そして、自助グループへの参加までは、軽い場合で、一か月。きつい場合で、三か月程度かかります。健康保険は適用されますが、個室を何日も使うこととなりますから、一般的な場合でも、月十数万円のお金は必要です。病院ではなく、ダルクなどのドラッグ乱用者の支援施設に入所した場合でも、やはり、十数万円の費用はかかります。ただし、生活保護を適用してもらったり、精神障害者の認定を受けることで、医療費を無料にすることはできます。いずれにしても、まずは近くの保健所に相談することです。必ず、いろいろな対処をしてくれます。

大切なのはお金ではなくて、いのちなのですから。

ただし、覚えておいてください。日本には、ドラッグ乱用者を入院させ、きちんと治療できる病院は、数えることができるほどしかありません。一部の精神病院には、ドラッグの代わりに、精神科薬によって薬漬けにしてしまうところもあります。病院に入院したときは、覚せい剤依存症、退院したときは精神科薬依存症。こんなケースが多々あります。ドラッグ依存症は、薬では治すことのできない病気なのです。

また、ドラッグの治療をきちんとできる精神科医も数えることができるほどしかいません。ドラッグの治療をしたいときは、まずは保健所に相談して、ダルクなどのドラッグ乱用者の自助グループとつながってください。そして、彼らの指導で、きちんとした医師、病院とつながってください。

Q 危険ドラッグを学生のころから使うとその後の人生にどんな悪影響がありますか？

この質問の答えには、一人の女性からの相談メールを、そのまま掲載します。これでわかると思います。

「私は、一八歳です。水谷先生、助けてください。私は二年前に危険ドラッグをやってしまいました。最初は嫌なことが忘れられるからと自分に言い聞かせてハーブを吸い始めました（けれどそれは自分に対する言い訳で、本当は好奇心でした）。ハーブに始まり、リキッド、バスソルトと呼ばれるパウダーもやりました。私はこれらにハマってしまい、時間を無駄にしました。

主にパウダーと呼ばれるドラッグにハマって、三日間寝ないなんてこともよくありました。その影響か、幻覚、幻聴、幻臭に悩まされました（警察官が私を逮捕しようとしている、お母さんが私をスタンガンで気絶させようとしている…など、他にも書ききれない程です）。それでもドラッグを使いたい、『どうやって手に入れようか？』という思考があたまを支配していました。

私は周りに嘘をつきました。『もうやってないよ、安心して』、そう言いながら、郵便局留めでドラッグを買い続けました。しかしそれも長くは続かず…。

私は外出先のレストランでドラッグを使いました。そしてその店のトイレにドラッグを置き忘れてしまい、警察に通報されました。そのことを知らずに私はその店に忘れ物をしたと電話しました。取りに行って待ち構えていたのは警察です。その後、取り調べを受け、身元引き受け人として両親が呼ばれました。

私は今度こそやらないと両親に誓いました。それでもまた手を出してしまいました。上記の事件の翌年の一月、三月、そして今年の八月…。今年の八月はハーブに手を出しました。しかし、私が使っていたころの危険ドラッグとはまるで別物で『これを使っていたらマズい！　死んでしまう！』と思い、吸った直後にすべてトイレに流しました。

前置きが長くなりましたが、ここからが本題です。その後、私は二年前に迷惑をかけてしまった人すべてに面と向かって謝りました。そこからが地獄の始まりでした。もう使いたくないのに毎日毎日ドラッグのことを思い出し、その当時の感覚が蘇ってきます。例えば幻覚（感覚）、幻臭。あたまがおかしくなりそうでした。なぜ自分のしたことを受け入れた日からこんなに苦しいのでしょうか？

今は精神科に通って、すべて打ち明けて治療を受けています。ですが、毎日のように思い出して、苦しいんです。なぜドラッグを使ってしまったのか、私は生きている価値がない、死んでしまおう、でも死ねない…。こんな思考が毎日毎日あたまのなかをグルグルまわっています。本当に苦しいです。一〇代のころやっていたリストカットもまた始めてしまいました。ドラッグのニュースを見てしまうとフラッシュバックして過呼吸になってしまいます。どうすればドラッグのことを考えずに済むのでしょうか？　助けて、先生」

危険ドラッグは、いえ、すべてのドラッグは、乱用した人の一生を変えてしまうものなのです。

Q 欧米では大麻は厳しく取り締まられないと聞きます。どうして国によって罰に違いがあるのですか？

いい質問です。確かに、オランダでは、一部の指定した店で大麻を購入し、それを店のなかで使用することは、認められています。アメリカでもいくつかの州では、大麻の使用をあえて取り締まらない州もあります。西アジアの国々のなかにも、大麻については、特に厳しく取り締まらない国もあります。でも、それには理由があります。ヨーロッパやアメリカ、西アジアで、主流となっているドラッグは、ヘロインです。ヘロインは、ケシからつくられたドラッグですが、多分史上最悪のヘビードラッグです。一、二回の使用で、強い依存症となり、短期間に乱用者を廃人にし、そのいのちを奪っていきます。また、ヘロインは、注射で使用しますが、その注射の回し打ちが、エイズや肝炎の感染を広げていきます。その恐ろしいヘロインの乱用を抑えるために、各国とも、泣く泣くそれよりは弱いドラッグである大麻の使用を見逃しているのです。日本では、今のところ、これらの国ほどヘビードラッグの乱用が広がっていません。あえて、ライトドラッグである大麻の使用を認める必要はないのです。

大麻に関しては、日本にも、多くの大麻合法論者がいます。大麻は、害が少ないから、タバコと同じようにその使用を法的に認めろと主張する人たちです。でも、これは間違っています。大麻は、乱用者に精神的な害を与える恐ろしいドラッグです。少なくとも、乱用者を無気力な人間にします。一九七〇年代にある有名なアメリカ人が、このようなことを言いました。

「世界中の若者が大麻を使用すれば、ハッピーだ。戦争に行こうと言っても、無気力で参加しなくなる」

確かに、事実かもしれません。でも、それを、こう言い換えたら社会はどうなりますか。

「世界中の若者が大麻を使用すれば、働こうと言っても、無気力で誰も働かなくなる」

これでは社会は崩壊します。みなさんは、それでもいいのですか。

今回、ここに、ヘビードラッグ、ライトドラッグという分類を、私は書いてしまいました。でも、本当は、すべてのドラッグに、ライトやヘビーはありません。すべてが、怖ろしい魔物なのです。

Q

ずっと前から脱法ハーブの危険が知られていたのに、なぜ危険ドラッグの対策が遅れているのですか？

きつい質問です。正直に答えます。

まずは、君たちに謝らなくてはなりません。実は、私をはじめとしたドラッグの専門家、そして警察や麻薬取締官などの取締機関の関係者も、いわゆる合法ドラッグについては、しょせんはおもちゃのようなものと、舐めていました。極端に言えば、使用した人が、「なんだこれ。買って使ってみたけど、なんの効果もない」と、あきれるほどのものと考えていました。実際に、一九九〇年代から二〇一一年までに、一部の店舗で売られていたいわゆる合法ドラッグは、まさにこのおもちゃのようなもので、私たちがあえて取り締まる必要性も感じないような代物でした。

ooPiii
PoooPiiii
Piii
Pooo
oP
iiii

ところが、二〇一二年からその形態が完璧に変わりました。その使用で、年間数千人が救急車で搬送され、そして、少なくない人たちがいのちまで失う事態となりました。私たちは、あまりにも甘く考えていました。

これには原因があります。二〇一二年ごろから、中国で、優秀な化学者、薬学者たちが、日本のドラッグの規制に引っかからないような分子構造の合成ドラッグを開発し、それを芳香剤や入浴剤として、大量に日本に送り込み始めたからです。

しかし、もう大丈夫です。二〇一三年から二〇一四年の間に、四つの法律を制定して、今では日本に、運ぶことも、それを売ることも、使用することも、厳しく罰することができるようになりました。これからは、今までのように、店舗やネットで表立って、「合法ドラッグ」として販売することは不可能になりました。今も日本各地で、私の大切な仲間たち、麻薬取締官がその摘発に動いています。あと少しで、完全に表の世界からは消え去っていきます。

Q ドラッグ使用者への罰を、もっと厳しいものにしたら、ドラッグの乱用者はいなくなるのではないですか？

私がドラッグ汚染に関するテレビ番組に出演したときのことです。このときに、ある芸能人の発言に、憤りと哀しみを感じました。彼は、私をはじめ、現在ドラッグ汚染の問題に必死で取り組んでいる何人かの報告や話を聞いた後で、ドラッグ汚染の拡大を防ぐための手段として一つの方法を提案しました。

「お隣の国中国では、ドラッグを使用すると公開で死刑にしているという。日本でも、ドラッグ乱用への罰則をもっと強化すればこの問題を解決できるのではないか」

彼は、この発言のなかで、三つの間違いを犯しています。一つは、中国で死刑とされるのは、ドラッグの乱用者ではなく、密売者のみです。中国には、その環境が優れているかどうかは別として、ドラッグ乱用者のための公的な施設が存在します。この意味では、日本よりはるかにドラッグ問題に対する対策が進んでいます。

もう一つは、乱用を続けてドラッグ依存症になってしまうと、ドラッグは乱用者にとって命よりも大切なものとなってしまうことです。たとえ、その乱用が自らを刑務所に入れることになるとしても、また極端ですが、死刑になってしまうとしても、止めることのできないものなのです。ここにドラッグの怖さがあります。東南アジアのいくつかの国では、一定量以上のドラッグの所持で死刑の判決を受けます。それでも、それらの国では、ドラッグ汚染の問題は解決されていません。彼はこの事実をどう受け止めているのでしょう。

最後の一つは、いかにドラッグ乱用に対する罰則を強化したとしても、ドラッグ乱用を生み出す社会の問題を解決しない限り、次から次へと法の網をかいくぐって、新しい「脱法ドラッグ」がつくり出されるだけであるということです。

ドラッグ乱用は社会の病です。歴史的に見ても、現在の世界のさまざまな国々の様子を見ても、その社会の多くの人間が、日常的に閉塞感を感じる状況のもとでしか、ドラッグは広く蔓延していません。ドラッグ乱用を防ぐためには、社会自体を変えていくことが最も重要であると私は考えます。

今、日本では彼のように厳罰化を考える人間が増えてきています。私は、少年法の改正についての議論が活発に起こり、ついに改正されてしまった際にも同様のことを感じました。安易に罰則を強化し、処罰される恐怖から犯罪や少年非行、ドラッグ乱用を防ごうという発想では、これらの問題の根本的な解決や解消にはなりません。それらの背景にある、私たち自身が生きる社会が抱える問題を、その社会に所属する一人ひとりの人間がきちんと解決していかない限り、一歩も前進したことになりません。私は、ドラッグ乱用を個人の問題としてとらえるのではなく、社会全体の抱える問題としてとらえる視点をもってほしいと切望しています。

夜回り先生、
もしドラッグに
出会ってしまったときには
どうしたらいいんですか？

Q 売人はどんな手口でドラッグを売ってくるのですか？

ドラッグは、さまざまな方法で、君たちに近づいてきます。

若い女性が、特に中学生や高校生が、制服のスカートをミニスカートにして、髪の毛を染め、そして派手な化粧で夜の繁華街を歩けば、「いいものあるよ」と言って、無料で危険ドラッグを渡してくれます。当然、それで快体験をし、乱用するようになれば、いい客になるし、女性の場合、からだを売ることでいくらでも乱用のためのお金を手にすることができます。最高の客となるからです。

先日、私は、ある女子少年院に講演に行ってきましたが、そこに収容されているすべての女の子たちが、そうやって誘われ、使用した経験がありました。

汚いやり方です。女の子たちに伝えておきます。派手な格好や化粧をすることは、夜の世界の人間たちにとって、「この子はどうにでもなるカモだ」と思わせる、とても危険な行為です。昼の世界では、どんな派手な格好をしても、化粧をしてもいいです。夜の街を歩くときは、ぜひ、きちんとした服装で、化粧を落として歩いてください。

また、売人たちは、「これ最高だよ。最高にキメられる」と、ドラッグを、さも遊びの道具のようなものとして売ってきます。もし、君たちが、「でも、ドラッグを使うと、おかしくなる」と答えても、「俺を見てみな。いつも使っているけど、大丈夫」といって勧めてきます。売人はプロです。自分の商売道具であるドラッグを自ら使用することはありません。暴力団の関係者なら、使用したら指を詰め破門です。それに、売人は自分の売っているドラッグの怖さを知っています。まずは使っていません。

どんな場合でも、まず間違いなく、君たちに売人が近づくのは、夜の街です。夜の街で、君たちの元に近づく人は、「夜回り先生」以外は、間違いなく、君たちを食い物にしようとする悪い人たちです。ともかく、夜の街には行かないこと。夜の街で近づいてくる人とは関わらないことです。

夜の街で、絶対に君たちの元にドラッグの売人が近づかない方法を教えましょう。ともかくきちんとした身なりで、前を向き、きちんとした足取りで、まっすぐ歩くことです。そうすれば、誰も近づいてきません。夜の街の人たち、特にドラッグの売人が恐れるのは、まじめな人たちです。わかりましたか。

Q どうして悪いとわかっているのに、売る人がいるのですか？

ドラッグの製造や密輸、密売には、必ずと言っていいほど、暴力団が関わっています。その理由は簡単です。彼らにとって、最も重要な資金源だからです。ドラッグは、すさまじいほどお金になります。「つくって百倍、売って百倍」ということばがあります。つまり、原材料からドラッグをつくれば、一万円の原材料が、百万円のドラッグになり、それを密輸して密売すれば、百万円のドラッグが、一億円のお金になるということです。

日本の暴力団は、ドラッグの密輸と密売なしでは、すべてが壊滅するとまで言われているほど、彼らにとっては大切な、そして重要な資金源です。いくら、摘発、逮捕される危険があっても、止めるわけにはいかないのです。

しかも、ドラッグほど「商品」として優れたものはありません。君たちが、テレビや洗濯機を買ったとしても、それが壊れるまでは、次のテレビや洗濯機を買うことはしないでしょう。しかし、ドラッグはどのようなものでも、依存性があります。たとえ最初の数回は無料であげたとしても、すぐに依存性という魔の手に捕まり、定期的に買ってくれる最高の客に育て上げることができます。しかも、ドラッグには耐性形成、つまりどんどん量を増やしていかなければ効かなくなるというやっかいな性質があります。その結果、どんどん多量に買ってくれる、最高の客になるのです。

また、乱用者自身も、乱用は違法でばれれば逮捕される犯罪だと知っています。ですから、他人には話しません。それどころか、若者の場合は、仲間もドラッグ乱用者にすれば、より警察にばれる可能性は減ると、仲間までドラッグ乱用の世界に引き込んでしまいます。黙っていても、客が増えていく。こんな商品は、ドラッグ以外にありません。たとえ、警察に逮捕されても、多くの乱用者は、密売者の名前や組織の名前を言いません。一つの理由は、それが暴力団で、復讐されるのが怖いからです。でも、それと同時に、また使いたいから、その密売のネットワークを守るためです。

Q

身近にいないので想像できませんが、どんな人がドラッグに手を出すのですか？

私は、今までに数え切れないぐらいのドラッグを乱用した、若者や大人たちと関わってきました。そして、残念ながら五一名の尊いいのちを失っています。年代的には、一〇代後半から六〇代まで、職種も学歴もさまざまです。有名な会社の幹部職員もいましたし、地方議会の議員も、有名な大学の学生も、進学校の高校生や中学生もいました。また、無職少年からも、暴力団組員からも、たくさんの相談を受けています。なかなか、どんな人がドラッグに手を出すのか、それをパターン化することは難しいです。

ただし、言えることがあります。それは、どの乱用者も、こころにむなしさや寂しさをもっていて、自分が幸せだという自己肯定感が少ないということです。

ドラッグは、恐ろしい魔物です。必ず、君たちのこころの隙間に、その魔の手を伸ばしてきます。君たちのなかで、親からたくさんの愛を受け、その愛をいつも感じている人、また、親を尊敬し愛している人は、まずドラッグには手を出さないでしょう。なぜなら、ドラッグを使用することは、その愛を裏切ることになるからです。愛は、ドラッグの魔の手に対する一番目の武器です。また、君たちのなかで、明日を夢み、今を満足して生きている人も、ドラッグには手を出さないでしょう。ドラッグを使用すれば、その幸せと、自分の明日が壊されることをわかっていますから。幸せや夢は、ドラッグの魔の手に対する二番目の武器です。

君たちに聞きたいことがあります。君たちは、つらいとき、寂しいとき、どんなふうにして過ごしていますか。多くの大人たちは、アルコールに救いを求めています。アルコールを飲んで、酔うことでなんとかしのごうとします。君たちのなかにも、そういう人もいるでしょう。でも、そんなとき、夜の街で売人が君たちの元に、「これ使うと、嫌なことなんてみんな飛んでしまう。最高にハッピーになるよ」と言ってドラッグを持ってきたら、どうしますか。

ドラッグを使う人は、まず間違いなく、こころに傷をもっていたり、今に苦しんでいる人たちです。ですから、私はこの二三年間、ドラッグの魔の手に捕らえられた人たちを救おうと動いてきました。その人たちが、つかの間の救いを求めて、ドラッグを使用し、そして、その魔の手に捕まり、滅ぼされていくのです。

君たちのなかには、自分は今幸せだから大丈夫と安心している人もいるでしょう。でも、人生には、山もあれば谷もあります。幸せなときもあれば、苦しいつらいときもあります。そんなつらくて苦しいときを狙って、ドラッグは、君たちに近づいてきます。でも、ドラッグには、一瞬の救いはあっても、その後に待つのは、無限の地獄、哀しみと苦しみだけです。それを忘れないでください。

Q ドラッグを買ったり使ったりする人の生活（行動）パターンはありますか？

私たち、ドラッグの専門家は、ドラッグを乱用している人は、まずは間違いなく顔を見るだけでわかります。ドラッグを乱用すると、目つきや頬の膨らみが完全に変わってしまいますから。テレビを見ていても、そこに出ている芸能人で、ドラッグを乱用している人を見つけるのはたやすいことです。口のなかを見ることができれば、ほぼ一〇〇%、乱用者を見つけることも、その乱用したドラッグがなにかもわかります。しかし、君たち素人には、まず無理でしょう。でも、せっかく質問されたのですから、ドラッグ乱用者の見つけ方を少し教えましょう。

まずは、生活パターンが昼夜逆転します。ただし、学校や会社に通っている場合は、週末です。金曜土曜の夜に外出し、戻ってきたら丸一日寝ているような場合は、ドラッグを乱用している可能性があります。ドラッグは、その効果が切れたとき、乱用者に鉛のような疲れをもたらします。丸一日程度動けなくなります。また、ドラッグはどのようなものでも、乱用者を無気力にしてしまいます。当然、部屋を片づけたり、掃除したりすることはなくなり、部屋はゴミ箱のような状態になってしまいます。

部屋のなかにたくさんのペットボトルが転がっていたら、やはりドラッグを乱用している可能性があります。アルコールをはじめあらゆるドラッグは、人間のからだにとって毒です。ですから、からだのなかに入れてしまうと、私たちのからだは、なんとかしてそれを外に出そうとします。まずは、尿として出そうとします。トイレに頻繁に通うようになります。また、汗として出そうとします。その結果、脱水症状となってしまいます。ドラッグが切れたときは、当然その副作用で、からだが思うように動きません。そのため、大量のペットボトルに水を入れ、部屋に用意しておくのです。

もし、部屋でお香を焚いていた場合は、大麻や危険ドラッグを乱用していると考えていいでしょう。君たちのような若者で、お香を部屋で焚くことを趣味としている人はほとんどいません。大麻や危険ドラッグを吸ったときの、独特のにおいを隠すために、お香を焚いているのです。

また、灰皿があった場合は、そのなかを見てください。大麻や危険ドラッグの灰は、タバコの灰とは全く違います。黒くて粘りけのある灰があったら、確実に大麻や危険ドラッグを乱用しています。当然、ガラス製や金属製のパイプが、部屋にあった場合もです。

外見では、急激に体重が減ったり、また異常に感情の起伏が激しくなった場合も、ドラッグの乱用を疑ってください。

いずれにしても、ドラッグは、乱用者の生活様式や性格を短期間に大きく変えてしまいます。注意深く見ていれば、必ず気づくことができます。

Q 誘われたときの断り方の基本は？これだけはやっちゃだめというNGはありますか？

私がよく、講演で若者たちに教えている四つの断り方を教えましょう。

一つ目は、「話題を変える」です。先輩や友人が、ドラッグの話を始めたり、ドラッグの使用を誘ってきたら、話題を変えるのです。もし、「おもしろいドラッグがあるけど、一緒にやらない」と誘われたら、「あっ、そういえば今日はお母さんの誕生日。やばい、なんにもプレゼント買ってない」。「シャブ、気持ちいいよ。お前にただで教えてやる」と誘われたら、「先輩、このごろ、からだの調子が悪くて、腹が痛くてつらいんです」など、なんでもいいです。普段から、三十個ぐらいは考えておくことです。

二つ目は、「壊れたレコード作戦」です。同じことを、何度も繰り返して言

Datte
Demo
Doshite

うのです。「ドラッグ、気持ちいいよ。やろうよ」と誘われたら、「お母さんに、怒られる」。さらに、「お前友だちだろ。一緒に楽しもうよ」と言われたら、また「お母さんに、怒られる」。下を向いて、目をあわせないようにしながら、小さな声で、一〇分間は、繰り返してください。まずは大概の場合、「お前、マザコンか」と怒って、去って行きます。

もしそれでも、しつこく誘ってきたら、三つ目の方法、「3D作戦」です。「ドラッグを一緒にしなかったら、お前とはもう別れるぞ」ときたら、さっきと同じように、下を向き小さな声で「だって…」。「ほら、俺の部屋に行こう。いいものあるんだから」と無理強いしてきたら、「でも…」。「お前も、一回やれば、ドラッグのよさがわかるよ」と言ってきたら、「どうして…」。ともかく、「だって」、「でも」、「どうして」を、何度も繰り返し言うのです。相手との根比べ。相手は、なんとしても君たちをドラッグ仲間にしたいわけですから、迫ってきます。ただひたすら、また絶対にその場を動かないで、繰り返し答えるのです。

まずは、この三つの方法で、大丈夫。断ることができます。

それでも迫ってきたら、そのときはしょうがありません。最後の四つ目の方法です。「逃げる」ことです。ただし、広い道のほうへ、明るいほうへ、人の声のするほうへ、逃げてください。悪いことをしている人は、必ず道の細いほうへ、暗いほうへ、人のいないほうへ行こうとします。その逆をつくのです。

また、ドラッグを誘われたとき、絶対にやってはいけないのは、「すぐに」逃げることです。相手は、警察や誰かにちくられると思い、必死に追ってきます。そして、君たちに暴力を振るったり、あるいは、君たちを無理やり連れ去ろうとします。まずは落ち着いて、この四つの方法でドラッグの誘いを断わってください。

そして、その日以降は、誘った人の側には、絶対に近づかないことです。

Q 進学校でもドラッグのトラブルはありますか？ どういった経緯で巻き込まれるのでしょうか？

この質問の背後には、「進学校の生徒は、まじめで優秀な生徒。そんな生徒が、ドラッグに手を出すわけがない」という思いがにじみ出ています。でも、これは間違いです。

この数年、一流と言われている大学の多くの学生が、ドラッグの乱用で逮捕されています。みなさんも、知っていると思います。北海道大学、東京大学、早稲田大学、上智大学、慶應大学、法政大学、京都大学、立命館大学、同志社大学、関西大学、福岡大学…。名前をあげればきりがありません。なぜ、こんなことが起きていると思いますか。それは、進学校と呼ばれる高校の生徒たちの親や先生方に、甘えがあるからです。うちの子は、うちの生徒は、優秀で幸せ。だから、ドラッグなんて使うはずがないという甘えが。

進学校と呼ばれる多くの高校では、ドラッグ乱用防止教育について、そのようなものは、うちの生徒たちには必要ないし、そんなことに使う時間があったら受験のための授業をしたほうがいいと考えています。私は、さっき名前をあげたいくつかの大学で、学生相手にドラッグ乱用防止のための講演会をしました。そこで、学生たちに、高校時代にドラッグ乱用防止のためのきちんとした教育を受けた学生は手をあげてと、質問しましたが、半数近い学生が手をあげませんでした。その結果、ドラッグに関して、無知のまま大学に進学することとなります。そして、そこでドラッグの魔の手に捕まってしまいます。

私の元には、日本全国の数多くの高校生たちから、ドラッグから助けてほしいという相談が来ます。そこには、有名大学の附属高校の生徒たちからの相談も多く含まれています。彼らは、附属高校ですから、大学受験という厳しい関門を通ることなく、大学への進学が保証されています。そして、高校時代、夜の街に出て、遊び、そしてドラッグを乱用し、その苦しみのなかで、私に救いを求めてきています。また、有名な進学校の生徒たちからの相談も多いです。親や先生方からの、有名大学に入れという圧力のなかで、燃え尽きてしまい、ネットなどで危険ドラッグを手に入れ、それに救いを求めています。また、市販薬や、医師からの処方薬を過剰摂取することに救いを求めている生徒たちもたくさんいます。その生徒たちにとって、一番の夢は、志望大学に入ることですから、合格し、入学したとたんに、すべての夢がそこで消え、なにをしていいのか、明日を見失い、その隙間をドラッグに狙われ、その魔の手に捕まっていくのです。

私は、ここであえて言います。日本で、集団として最もドラッグを乱用する若者たちが多いのは、進学校です。特に、危険ドラッグに関しては。進学校と呼ばれている高校で、ドラッグを使用している生徒が一人もいない高校は、まず存在しません。当然、処方薬も含めて、ドラッグとしていますが。

Q 怖い先輩の誘いを断ると焼きを入れられそうで怖いです。どうしたらいいですか？

これは、君たちだけの力では、どうしようもありません。まずは、親に相談することです。そして、相手の親と話して止めてもらう。あるいは、親とともに警察に相談して対処することです。また、親と信頼関係がなく、相談できない場合は、学校の先生に相談することです。必ず、警察と連絡しあいながら助けてくれます。

でも、この質問をした人に聞きたいことがあります。怖い先輩から誘われる可能性があるということは、そういう怖い先輩とつきあい、日ごろからサボりや夜遊びをしているということではないのですか。いつも、一緒に悪いことをしているから、ドラッグを誘われたときに断りづらいのではないですか。そうならば、まずは、そんな先輩とはつきあわないこと。そんなグループからは、抜けること。そして、まじめに生活することです。

君たち若者たちの間では、ドラッグ乱用は、一種の感染症です。仲間の一人が、ドラッグを乱用し始めれば、必ずと言っていいほど、仲間たちにそれを勧めていきます。「みんなでやれば、怖くない」「みんなやっているんだから」と。罪悪感も減るし、また、親や警察などに密告されるのを防ぐことができるからです。そして、グループ全員が、ドラッグの魔の手に捕まってしまいます。

ドラッグを誘われたときは、それから得るものと、失うものを、じっくりと考えてください。ドラッグの使用で得ることができるのは、ただ一瞬の快体験だけです。でも、失うものは…。友人、恋人、家族、未来、健康、いのち…。君たちの明日すべてを、失ってしまいます。それでも、君たちはドラッグを使いますか。

Q 仲間からの誘いを断ると仲間はずれにされそうで怖いです。どうしたらいいですか？

これを、質問してくれた人に聞きたいことがあります。仲間とは、なんですか。君たちに学校をサボろう、一緒に遊ぼうと誘う人たちは、君たちの仲間ですか。そんなことをすれば、勉強にはついていくことができなくなり、最後には、学校を辞めることになり、君たちが、今も抱いている夢がかなわなくなってしまいます。それでも、誘ってくる人たちは、本当に仲間と言えるのですか。君たちに、ドラッグを一緒にやろうと誘ってくる人たちは仲間ですか。ドラッグを使用すれば、自分の意志の力ではそれを断つことができない依存症になり、一生を苦しみながら生きなくてはならない。場合によっては、いのちまで失いかねない、そんな毒を君たちに勧めてくる人たちは、君の仲間なのですか。

私は、本当の仲間とは、困ったときはお互いを励ましあい、助けあい、将来のそれぞれの夢に向かって、ともに生きていく。一人が、誤った道や悪い道に進もうとしていたら、それをいのちをかけても止める。それが、本当の仲間の在り方だと考えています。お互いが、寂しいからといって、傷の舐めあいをして、現実や学校、社会から一緒に逃げ、一人ではないからと、なんとなく救われ、お互いの明日をつぶしていく。君たちは、こんな仲間がほしいですか。

君たちにドラッグを勧めてくる人たちは、間違いなく、君たちの仲間ではありません。ドラッグによって、あたまもこころもからだまでも乗っ取られてしまった悪魔です。君たちは、君たちを傷つけようとしている人を仲間だと思いますか。君たちを殺そうとしている人を仲間だと思いますか。仲間ではなく、敵なのではないですか。

私は、君たちを見ていて、いつも疑問に思うことがあります。それは、仲間、本当の友だちとはなにかをわかっていないのではないか、ということです。少し、私自身のことを話します。私は高校時代、たくさんの仲間がいました。部活の仲間、クラスの仲間、たくさんです。彼らと昼間は高校で学びあい、放課後は、部活で汗を流し、その後は、夜の街に出ました。確かに、たくさん遊びました。でも、仲間に夜遅くまで遊ぼうと誘われ、それを断っても、それで仲間はずれにされたことはありませんし、むしろ、みんなが遊ぶことを止めてくれました。彼らは、今も私の大切な仲間です。

君たちに言いたい。本当の仲間とは、常に仲間にこころを配り、仲間を大切にする人のことです。今の楽しみのために、仲間をドラッグに引き込む人は、仲間ではないのです。

Q

危険ドラッグを堂々と販売している業者への摘発はあまり報道されません。どうしてですか？

私は、危険ドラッグを最前線で取り締まっている、厚生労働省麻薬取締官（麻薬Gメン）の人たちとは、深い関係があります。今、日本では、三〇〇人近くいる麻薬取締官が、全国各地でこの危険ドラッグの取り締まりにあたっています。彼らは、全員、私の大切な仲間たちです。実はあまり知られていないことですが、もうすでに、北は北海道から、南は沖縄まで、堂々と店舗で危険ドラッグを販売している店は、ほとんどありません。摘発や指導のなかで、消えていっています。

これが、ずっときちんと報道されなかったことには、理由があります。それは、報道することによって、そのような店舗が存在することが広く知られ、そ

キケン!

こに興味本位で、危険ドラッグを買いに行く若者たちをつくらないためです。

実は、二〇一四年一二月の末から、新しい法律で、麻薬取締官が、危険とみなし、その検査に入ったドラッグは、その結果が出るまで店舗でもネットでも、しかも日本全国一律に、販売できないこととなりました。この法律で、合法ドラッグと称して売られている危険ドラッグは、店舗やネットの表の世界からは、完全に消えていくと私は確信しています。

ただし、危険ドラッグが、日本から完全に消えていくとは考えていません。やはり、闇の世界で、特にネットの世界で、名前や形を変えて、君たちの元に近づいていくと考えています。ネットの世界の場合、日本のプロバイダーを使って、危険ドラッグを密売することは、すでにほとんどできなくなっています。しかし、海外のプロバイダーを使った密売は今も続いていますし、その摘発は困難です。いずれにしても、使う人間がいなくなれば、買う人間がいなくなれば、自然に消えていくものです。君たち若者をはじめ、すべての日本人が、危険ドラッグの恐ろしさをきちんと理解することが、一番の抑止力となります。

君たちにお願いです。この本で学んだことを、できるだけ多くの仲間たちに伝えてください。大切な仲間の明日といのちを守るために。

Q パパ、ママ（身近な人）のやっている ドラッグを止めさせるには どうしたらいいの？

君たちに、一つ覚えておいてほしいことがあります。それは、愛の力では、ドラッグには勝てないということです。

多くのドラッグ乱用者の家族やその周辺にいる人たちが、愛の力で乱用者をドラッグの魔の手から救おうとして、かえって破滅へと追い込んでいます。そして、自らもぼろぼろになってしまっています。私もその過ちを犯した一人です。ドラッグ依存症は病気です。病気は、愛の力で治すことはできません。病気は、医師や専門家の力ではじめて対処できるものなのです。

愛の力ではドラッグ乱用者を救えないことを示す、もう一つの事例をあげておきます。

私は、かつて、高校二年生の少女に死なれるところでした。その少女は、シンナーの乱用を繰り返す一八歳の彼氏のことで、私に相談してきました。その日はどうしても私の都合がつかず、週末の夜、彼女と彼のところへ行く約束をしました。私が彼に会うことでうれしくなった彼女は、その日の夜一〇時ごろ、彼の家を訪ねました。彼女が、彼の部屋のドアを開けたちょうどそのとき、彼はシンナーをティッシュペーパーに染み込ませ、それをビニールの袋に入れていたところでした。彼女はその袋とペットボトルに入ったシンナーを彼から奪い、そして彼に聞いたそうです。「私のこと愛してる？」と。彼は「愛してるよ。お前なしじゃ生きられない」と答えたそうです。彼女が「だったらシンナー止めて。金曜日には、シンナーの専門家の水谷って先生が、ここに来て相談に乗ってくれる。せめてその金曜日まではシンナー止めて」と頼んだそうです。彼は「さよならシンナーだ。今日でもう止める。最後だから吸わせろよ」と、彼女に迫ったそうです。彼女は「いつもそう言って、もう一年も毎日のようにラリってるじゃない。絶対に渡さない」とシンナーを窓から捨てようとしました。彼は彼女に襲いかかり、彼女の腹を蹴り、痛さにしゃがみ込んだ彼女の手からシンナーを奪って、吸引し始めました。彼女は、その哀しみから、部屋の片隅でずっと泣いていました。

そして夜一一時半ごろ、「私が苦しめば、きっと彼はシンナーを止めてくれる」という必死の思いで、彼の手許にあったペットボトルのシンナーを奪い、それを飲みました。シンナーは毒物劇物です。当然のことながら、飲めば最初に胃けいれんが起こります。彼女は、胃の内容物をすべて吐きました。しかしそれでもけいれんは止まりません。今度は、全身がけいれんし始めます。その苦しみのなかで、必死で彼のもとに這っていき、彼に「お願い、お医者さんに連れていって」と何度も何度も頼んだそうです。彼は、そのたびに「うるせーぞ」と彼女の手を振り払い、シンナーを吸引し続けていたそうです。朝の四時ごろ、様子がおかしいことに気づいた彼の母親が、彼の部屋に入ってきて驚き、救急車を呼んでくれました。

このケースについても、「きっと彼は、彼女を本当は好きではなかったんだ」とか、「愛が足りなかっただけさ」などと思う人もいるかもしれません。しかし、私は、そうは思いません。彼のこころに彼女へのいとおしさや愛はあったでしょう。しかし、ドラッグの魅力は、ドラッグを使いたいという欲求は、その愛よりもはるかに強かったのです。

ある新聞に私の紹介記事が掲載されたことがあります。その記事に、私の自宅の電話番号が載ってしまったために、その日は二十二本の相談の電話がありました。三本は乱用者本人から、一九本は乱用者の家族からでした。どの家族も、数か月から数年にわたりドラッグの乱用を繰り返す子どもや夫についての相談でした。どの家族にも共通していたのは、ドラッグを乱用することが犯罪であるのはわかっているけれど、愛する子どもや夫を警察には渡したくない、そう考えて「愛の力」での更生をはかり続けてきたことでした。そして、どの家庭も更生に成功するどころか、金銭的にも精神的にも破壊されていました。

ドラッグ乱用者の家族や本人からの相談があるたびに、私はその本人と家族とに会います。そして、本人には、私の紹介する専門病院への入院かダルクへの入所を勧めます。また、家族には、これを本人が拒否した場合、家族としての縁を切り、家から出すことを勧めます。ドラッグの乱用は乱用者を孤独にします。なぜなら、乱用者にとってはドラッグこそがすべてですから、家族や友人を大切にしませんし、ドラッグのためなら平気で裏切ります。その一方で、ドラッグ乱用者はこの孤独を恐れます。孤独のなかで「もうこれ以上ドラッグを使えば、自分はおしまいだ。助けて」という叫びが出ることを、私たちは「底付き」と呼んでいます。専門家の多くは、この「底付き」によって初めて、ドラッグに決別しようとする動機づけが始まると考えています。家族や周囲の人が「愛の力」で救おうとすることは、この「底付き」を遠ざけてしまうことです。「まだ、自分は孤独ではない。もう少しだけなら使っても大丈夫」と乱用を繰り返して、精神や身体にもう後戻りできないダメージを受けてしまうことになります。もし、君たちの大切なご両親が、ドラッグを使用しているときは、私に相談してください。私のことを信じて。

Q クラスにドラッグに手を出したことのある人がいます。クラスメイトとしてどうしたらいいでしょう？

これを質問してきた君が、嫌なやつ、つまり自分勝手でいつも自分のことしか考えず、人のことなどどうでもいいと思っている人なら、答えは簡単です。その人の近くには絶対に行かず、すぐに関係を完全に断つことです。その人は、いずれドラッグによって自滅していきます。君には関係のないことですから、放っておけばいいのです。

でも、きっと、この質問をしてくれた君は、そんな人間ではないと思います。その人のことが気になり、その人を守りたいならば、大騒ぎをすることです。学校の先生、君の親、彼の親、周りにいるすべての大人たちに、その人がドラッグを使用したことを伝えることです。そうすれば、たくさんの大人たちが、その人のために動いてくれます。もしかしたら、その結果、学校を辞めさせられたり、警察に逮捕されたりするかもしれません。でも、それでいいのです。彼が、一生を病院の檻のなかで暮らすことや、いのちを失うことと比べれば、そのほうがはるかに幸せです。いずれは、その人もわかってくれます。もし生き残ることができれば。

これができないのなら、君は、やっぱり嫌なやつです。でも、それはそれでいいのです。少なくとも君の分だけは、ドラッグ乱用者は増えませんから。そんなときは、逃げることです。

君はどちらを選びますか。君自身が自分で決めなくてはならないことです。

最後に、これを質問してきた君にアドバイスです。ドラッグを乱用した人を助けるためには、その人を強制的に、病院や少年院、刑務所など、ドラッグを使用できない環境に隔離することが必要です。ただし、乱用する本人が、自ら助けを求めてきた場合、ダルクなどの自助グループの施設で、リハビリテーションプログラムに加わり、回復を目指す道はあります。いずれにしても、ドラッグを乱用する人自身が、こころから助けを求めない限り、他人、それどころか愛する人や親でも、どうしようもないのです。それを、忘れないでください。

Q 人がドラッグに手を出しそうになったときに、それを思いとどめる一番のポイントはなんですか？

これは、とても難しい質問です。私でも、抽象的にしか答えることはできません。でも、頑張ってみましょう。

愛と夢、これがドラッグ予防の一番の特効薬です。親や、先生たち、あるいは仲間からの愛や友情を日々感じている人は、まずドラッグを誘われても断ることができます。なぜなら、いつも愛を感じ幸せなのですから、ドラッグなんて必要がありません。また、ドラッグを使用することは、その愛と信頼を裏切ることになります。そんなことは、決してできません。

夢をもっている人も、大丈夫です。ドラッグを使用することは、その人の大切な夢を捨てることになるのですから、ドラッグの魔の手なんて、すぐに逃れることができます。

でも、この愛と夢を、君たちが手に入れることが、今やとても難しい社会になってしまっています。それは、私たち大人の責任なのですが…。親も先生も、周りの大人たちも、多くの大人たちは、今疲れ果てています。この経済的不況や、社会の閉塞状況のなかで、大人たち自身が、愛や夢をもつことが難しくなっています。君たちの周りの大人たちをよく見てください。ご両親は、いつも幸せな笑顔を君たちに見せていますか。学校の先生方は、どうですか。町の大人たちは。それを見ている多くの子どもたち、若者たちが、「大人になってもどうせいいことなんてない。つらいことばかりだ。それなら今を楽しもう」と、ドラッグの魔の手に捕まってしまっています。哀しいことです。

君たちに、大切なことを伝えておきます。愛や夢は、経済的な不況や社会の閉塞状況に左右されるような、そんな小さなものではありません。むしろ、つらくて苦しい状況で芽生えるものです。私は、三歳のときに父を失い、貧しい母とともに暮らすことはできなくなり、東北の小さな村に住む祖父母の家に預けられました。最初は、毎晩、母が恋しくて泣いていたそうです。祖父母も貧しい暮らしをしていました。ぼろぼろの服しか着られませんでしたし、お腹

いっぱいごはんを食べることもできませんでした。でも、私よりきっと寂しくてつらい母の愛に報いるために、母を世界一幸せにしたいという夢をもっていたから、まじめに勉強しました。みなさん、勉強はいいですよ。たとえ貧しくても、きちんと勉強すれば、それが一生の糧となります。そして、今は老いた母と、たまに喧嘩はしますが、幸せに生きています。

みなさん、愛と夢をつくりましょう。でも、そのためには、まず、日々人のためになにかをしましょう。返ってくる「ありがとう」の一言が、愛の始まり。返ってくる笑顔が、みなさんの夢の始まりとなります。

Q 高校生ですが、タバコを止めることができません。どうしたら止められますか？

ずばり答えましょう。明日から、毎日、交番や警察署の前でタバコを吸うことです。補導を何回か繰り返した後、児童相談所や、家庭裁判所に送られ、間違いなく鑑別所や少年院に入ることになります。そうすれば、一〇〇%、タバコを吸うことはできません。

ちょっと、厳しい答えを書きすぎました。ごめんなさい。優しく答えてみましょう。

タバコのなかには、ニコチンというドラッグが含まれています。まさに、これが、タバコ依存症の原因となるやっかいなドラッグなのです。タバコを吸えば、このニコチンがからだのなかに入り、そして吸い続ければ、このニコチンがからだのなかに入っていないと、いらいらしたり、落ち着かなくなります。そして、こころやあたまでは止めなくてはと思っていても、からだが求めて、使ってしまいます。まさに、これが、ドラッグ依存症です。依存症は病気です。病気は、愛の力や自分の意志で治すことはとても難しいのです。

ところで、君たちに聞きます。病気は、どこで治しますか。病院です。今、日本各地に、たくさんのタバコ依存症を治療する病院があります。その力を借りるのです。保健室の先生でもいい、親でもいい、自分の意志ではタバコを止められないことをきちんと伝え、専門病院に行きましょう。タバコの依存症については、たくさんの研究が進んでいて、その治療法は、もう確立されています。治療を受けましょう。

でも、私個人としては、日本の法律に違反する犯罪行為をしているわけですから、君たちのなかで良心のある人は、ぜひ、警察に自首してほしいと思います。法律は、君たち少年でも守らなくてはいけません。法律を犯した以上、まずはその償いをしてほしいと考えます。君たちに聞きたい。私は、間違っていますか。

Q 危険ドラッグの入手方法や価格は？

とても、嫌な質問です。本当は、答えたくありません。なぜなら、その情報を元に、みなさんの誰か一人でも危険ドラッグを手に入れて使用したら、大変なことになるからです。

でも、君たちがそんなことはしないと信じて、きちんと答えていきましょう。

危険ドラッグは、今までは都市部にある店舗や、ネットで、合法ドラッグと称して売られていました。危険ドラッグのなかで、最も中心的なものは、ハーブ系のものです。これは、中国で製造された合成麻薬を、芳香剤や入浴剤と称して日本に持ち込み、それをベンゼンで溶かし、乾燥したハーブの葉に染み込ませ、乾燥させたものです。これは、三グラム、つまり数回分の少量が、一つ

5000

のパッケージに詰められ、五千円程度の価格で売られています。この価格ですから、君たちのような若者でも、価格的には簡単に手に入れることができます。

この販売形態は、三種類あります。一つは、店舗に直接来た客に現金で売る形態です。これは、現在は麻薬取締官たちによる、完璧な取り締まりのなかで、日本全国で危険ドラッグを扱う店舗がほとんど消えていますから、今後はなくなっていきます。二つ目は、ネットで販売し、クレジットカードや代引きで決済し、それを客に郵便や宅配で送る形態です。これも今、厳しく規制と取り締まりをかけていますが、この形態は、海外のプロバイダーを使って、生き残る可能性があります。三つ目は、デリバリーという形態です。実は、これが一番危険で、今後、密売の主流になると、私たちが考えている形態です。ネット上で客を探し、駅などで待ちあわせし、現金と引き替えに危険ドラッグを渡すという形態です。この方法ならば、クレジットカードを持っていない少年でも、危険ドラッグを簡単に手に入れることができてしまいます。私たちが、一番恐れている密売方法です。

みなさんの質問に対して、私は、正直に知っていることを書きました。ですから、もう一つ、君たちに教えておきます。店頭で買う以外の買い方では、どの場合も、電話やネットを利用することになります。電話には、番号がありますし、ネットにはアドレスがあります。当然、みなさんが、それらの店に、電話やメールをすれば、その記録は、永遠にきちんと残ります。つまり、そのネット上のあるいは、実際の店が摘発されれば、みなさんも逮捕されることになります。これを忘れないでください。

Q 危険ドラッグと、普通のアロマやハーブの違いをどうやって見分けるのでしょう？

これは、簡単な質問です。アロマやハーブといって芳香剤や入浴剤として売られている商品には、必ずその製造元や販売元、そして成分が明記されています。そして、問題があった場合の対応先についても、ほとんどの場合きちんと書いてあります。しかも、君たちに聞きたいのですが、アロマやハーブとして買ってきた芳香剤や入浴剤を、タバコのようにして紙に巻いて、あるいは、パイプに詰めて火をつけ、その煙を直接吸うことでからだのなかに入れる人はいないでしょう。もともとがそのようにして使用するものではないのですから。

また、危険ドラッグは、普通のアロマやハーブを売っているような、昼の世界の明るい店で売られることは、まず間違いなくありません。危険な夜の街の

場末の暗い店で、ひそひそと隠れて売られています。まず、見分けるどころか、
普通の生活をしていれば、近づくこともふれることもないものです。

Q ドラッグに手を出してしまったとき、どこに相談すればいいんですか？

ドラッグを乱用した場合、どこに相談すればいいのか。これは、大人の場合は簡単です。各地方自治体の保健所、各都道府県の精神保健福祉センターに専門の相談員がいます。そこに、相談すれば、まずはサポートしてもらうことができます。

でも、君たちのような、少年の場合はやっかいです。なぜなら、それらの各機関ともに、少年の場合、親の許可なしに動くことができないからです。ですから、私は、君たちにこう伝えなくてはなりません。まずは、親に相談してください。どうしても、一人で親に相談することができなかった場合は、担任の先生や保健室の先生、あるいは、私に相談してください。君たちの親との間に立つことができます。君たち少年は、親の保護、監督の下に置かれています。親の許可なしに、私たちは、君たちのために動くことは難しいのです。でも、親に問題があって、君たちが親から虐待されていたり、無視されている場合は、別な方法があります。児童相談所に相談することです。それがどこにあるのかわからなければ、先生や私に相談してください。いずれにしても、君自身の意志や努力で、ドラッグに勝つことは、まずできません。専門家の助けが必要です。

最後に、私の本音を書きます。ドラッグを使用した場合、本当は、乱用した人たちの行くべき場所は、警察です。なぜなら、犯罪を犯したのですから。ドラッグの使用は、よく被害者のいない犯罪といわれます。人を傷つけたり、人からものを盗ったりするわけではありませんから、確かに、ドラッグの使用で他人に迷惑をかけることはないように見えます。だから、自分が警察に捕まろうと、死のうと、それは自分の自由。人に迷惑をかけるわけではないと、乱用する人たちは、自分に言い聞かせています。これは、嘘です。ドラッグの乱用は、愛する人や家族を哀しみの底に沈み込ませ、傷つけます。ドラッグ乱用のために犯罪を犯すことから、社会をも滅ぼす、極めて重大な犯罪です。だからこそ、あらゆる国が、ドラッグについて厳しく法律で禁じているのです。

お願いです。ドラッグを使用した人は、まずは、警察に自首してください。初犯で、自首ならば、刑務所や少年院に入れられることは、まずありません。たくさんの専門家が、君のために、君の治療のために動いてくれます。これが、私の本当の思いです。

Q ドラッグからの復帰を手助けしてくれる施設のことを教えてください。

ドラッグを止められないということは、ドラッグ依存症という病気です。当然、病気ですから、専門の医療機関で治療を受けることが必要です。でも…。

現在まで、摘発あるいは補導されたドラッグ乱用の若者たちは、学校や家庭、警察や司法機関で指導を受けます。しかし、この依存症という病気を治すための治療は、ほとんどの場合受けていません。私も多くの失敗をしてきましたが、ドラッグ依存症は、愛の力や罰で治すことはほとんどの場合できません。きちんとした治療をすることが必要です。ところが、ドラッグ依存症を治療する医療機関や更生施設は、アルコールに関してのものを除いて、日本にはほとんどありません。医療機関で言うならば、ドラッグの解毒・断薬の動機づけ・家族への指導・更生プログラムをきちんともっている機関は、私が知っている限りでは、全国に数か所しかありません。しかも、それらの機関ですら、その内容は、まだまだ不十分です。たとえば、中学生のドラッグ依存症者に入院まで含めて対応できる医療機関は、一つもありません。また、更生施設については、もっと悲惨です。公的なものは日本には存在しません。民間では、NA（ナルコティクス・アノニマス）、MAC（マック）、DARC（ダルク）が、精力的に活動していますが、どこも資金的に厳しく、特にDARCに対しては、社会的認知さえままならない状況です。また、この問題に専門的に関わることのできる専門家も、日本にはほとんど存在しません。一日も早く、医療や更生保護、司法、福祉、教育などのさまざまな場に専門家を養成し配置していくことが求められています。

この本の巻末に、全国にある精神保健福祉センターの一覧を載せました。それを参考にしてください。また、どうぞ、私にも相談してください。

Q スマホのアイコンを押したらハーブが送られてきました。どうしたらいいですか？

私のもとには、同じような質問がたくさん届きます。

「町で、知らない人から、『これ使ってみない。気持ちよくなるよ。今はただ。でも、また使いたかったら、ここに連絡して』ってドラッグをもらったけど、どうしたらいいの？」「『あたまの良くなる薬、試供品を無料で提供。まずはここにメールを』とあったのでメールしたら、なにか訳のわからない錠剤が送られてきた。使っても大丈夫？」

私は必ず、危険だから使わないように伝えています。君たちに聞きたいです。本当に役に立つ、素晴らしいものを製造するには、当然たくさんの開発費とたくさんの労力が必要です。それを、無料で配ることがありますか。無料で送ってくること自体が、怪しくありませんか。

これは、ドラッグに限られたことではありません。世のなかで、無料で配布されているものは、すべて疑うことです。あらゆる商売をしている人の目的は、その商売でお金を手にすることです。お金を得ることなく無料で配るのは、あり得ないことです。必ず、そのようにして、配られるものには、裏があります。

みなさん、覚えておいてください。ただほど怖いことはないのです。

Q ドラッグの被害に遭わないために　どんなことを学んでおけばいいのですか？

この本をきちんと読んでくれた人たちは、十分にドラッグに関しての危険性を学び、ドラッグを使用しようとは思わないはずです。ですから、ここでは、違う角度から、自分をドラッグから守るために必要な知識を、君たちに教えましょう。

まずは、日々、こころを開き、その時々の喜びや哀しみ、つらさを語ることができる人をつくることです。家族でもいい、友人でもいいんです。どんなときでも、なんでも話すことができる人をつくることです。その方法は、簡単です。いつも人のためになにかすることです。そのときに「ありがとう」の一言をくれる人は、必ず、君たちの側にいてくれる人たちです。でも、待っていては現れません。まずは、君たち自身が、日々、人のためになにかすることです。知識だけでは、ドラッグの魔の手に勝つことは難しいです。いつも、いろいろな人からの優しさに囲まれ、笑顔で幸せでいることが、ドラッグの魔の手から逃れる一番の方法です。

もう一つ、君たちに覚えておいてほしいことがあります。それは、すべての薬が、毒だということです。あらゆる薬は、「毒をもって、毒を制する」という意味でつくられた毒です。からだに良い薬など、存在しません。すべての薬は、必ず、その使用による副作用を伴う毒です。

誤解のないようにつけ加えますが、医師が処方したり、薬局で販売されている一般の薬は、必要な毒です。ただし、医師や薬剤師の指導の下で、病気によって、その治療に必要なとき、必要な薬を必要な期間、必要な量を使用するべきものです。君たちに聞きたいです。風邪のとき、君たちの回復を助けてくれる風邪薬を、普段から毎日使用していたら、君たちのからだはどうなりますか。

ともかく、ドラッグはもちろんのこと、すべての薬は、危険な毒だということを、あたまにすり込んでください。そして、病気などで、どうしても必要な場合は、医師や薬剤師の指導の下で、その危険性や副作用について、きちんと説明を受け、正しく使用してください。

最後につけ加えておきます。ドラッグが、最も嫌うのは、規則正しい生活をしている人です。朝は早起きし、そして三食をきちんと食べ、昼間は、太陽の下でたくさんの汗を流し、夜は、早く眠る。規則正しい生活は、ドラッグに対する一番の予防です。それに対して、昼夜逆転の生活を送り、夜になれば、夜の街を遊び回り、さまよう。そんな生活をしていれば、必ず、ドラッグが君たちを狙ってきます。

まずは、今日から、規則正しい生活を送り、そして、日々、人のためになにかしましょう。

おわりに

やっとみなさんからの質問に答え終わりました。それにしても、私としては、答えることの難しい、それどころか、あたまを抱える質問続きでした。でも、これを、一生懸命、まじめに質問してくれた君たちのことを思えば、いい加減なことはできません。私なりに、必死で答え続けました。

多分、この本を読んでくれれば、ドラッグの本当の姿、その恐ろしさを理解してもらえると思います。

日本は、今、第四次ドラッグ乱用期に入ってしまいました。今回の乱用期の問題点は、中学生・高校生を中心とする若者たちの、危険ドラッグをはじめとするさまざまなドラッグの乱用です。若者のドラッグ乱用は、そのからだやこころの成長を止め破壊していくことから、成人の場合より、短期間に重い症状が現れることが多く、また乱用者の人生に一生消えない大きな傷を残します。

ドラッグは、どのようなものでも二つの顔をもっています。一つ目の顔は、微笑みかける天使の顔です。ドラッグは、種類によって程度や効果は違いますが、人間に確実に快感をもたらします。他者や家族、社会は、私たちを裏切り苦痛を与えることがありますが、ドラッグは、その初期の乱用の段階では絶対に裏切りません。ある種のドラッグは陶酔感を、またある種のドラッグは多幸感や興奮をもたらします。そのため、一度でも乱用してしまうと、その誘惑を断ち切ることは困難です。特に、日ごろつらい状況にいる人間ほど、あっという間にその魔の手に捕まっていきます。

ドラッグの二つ目の顔は、不気味に笑う死神の顔です。ドラッグの乱用は、人間を確実に破滅へと導きます。社会からはじき出し、友人や愛する家族を奪うだけでなく、それを乱用する人間の人間性を破壊し、三つの死、すなわちこころの死、あたまの死、からだの死をもたらします。

私たち大人は多くの場合、自らの生活や家族を守ることを一つの物差しとして、この二つの顔をはかりにかけ、守るべき家族や社会的地位、将来を考え、ドラッグの魔の手から自らを守っています。しかし、若さから自らを見失い、現代の繁栄の陰で、さまざまな寂しさから刹那的に生きる今の若者たちにとって、大切なものは今この瞬間の快楽です。家庭や学校でさまざまに抑圧されている彼らにとって、守るべきものはあまりにも少ないのです。彼らは、ドラッグの一つ目の顔にのみ目を向け、安易にドラッグの乱用へと走っていきます。そして、哀しいことに精神的に純粋でそのため傷だらけとなっている若者ほど、ドラッグに依存し自らを滅ぼしていきます。

この本を読んだ、すべての人たちへのお願いです。これから一生、すべてのドラッグの誘いに、ＮＯという勇気をもってください。

２０１５年３月　水谷 修

巻末資料

精神保健福祉センター所在地一覧

北海道
北海道立精神保健福祉センター
〒003-0027
札幌市白石区本通16丁目北6-34
☎011-864-7121

札幌市精神保健福祉センター
〒060-0042
札幌市中央区大通西19丁目WEST19 4F
☎011-622-0556

青森県
青森県立精神保健福祉センター
〒038-0031
青森市三内字沢部353-92
☎017-787-3951

岩手県
岩手県精神保健福祉センター
〒020-0015
盛岡市本町通3-19-1
☎019-629-9617

宮城県
宮城県精神保健福祉センター
〒989-6117
大崎市古川旭5-7-20
☎0229-23-0021

仙台市精神保健福祉総合センター
(はあとぽーと仙台)
〒980-0845
仙台市青葉区荒巻字三居沢1-6
☎022-265-2191

秋田県
秋田県精神保健福祉センター
〒010-0001
秋田市中通2丁目1-51
☎018-831-3946

山形県
山形県精神保健福祉センター
〒990-0021
山形市小白川町2-3-30
☎023-624-1217

福島県
福島県精神保健福祉センター
〒960-8012
福島市御山町8-30
☎024-535-3556

茨城県
茨城県精神保健福祉センター
〒310-0852
水戸市笠原町993-2
☎029-243-2870

栃木県
栃木県精神保健福祉センター
〒329-1104
宇都宮市下岡本町2145-13
☎028-673-8785

群馬県
群馬県こころの健康センター
〒379-2166
前橋市野中町368
☎027-263-1166

埼玉県
埼玉県立精神保健福祉センター
〒362-0806
北足立郡伊奈町小室 818-2
☎ 048-723-1111
さいたま市こころの健康センター
〒338-0003
さいたま市中央区本町東 4-4-3
☎ 048-851-5665

千葉県
千葉県精神保健福祉センター
〒260-0801
千葉市中央区仁戸名町 666-2
☎ 043-263-3891
千葉市こころの健康センター
〒261-0003
千葉市美浜区高浜 2-1-16
☎ 043-204-1582

東京都
東京都立中部総合精神保健福祉センター
〒156-0057
世田谷区上北沢 2-1-7
☎ 03-3302-7575
東京都立多摩総合精神保健福祉センター
〒206-0036
多摩市中沢 2-1-3
☎ 042-376-1111
東京都立精神保健福祉センター
〒110-0004
台東区下谷 1-1-3
☎ 03-3842-0948

神奈川県
神奈川県精神保健福祉センター
〒233-0006
横浜市港南区芹が谷 2-5-2
☎ 045-821-8822
横浜市こころの健康相談センター
〒231-0021
横浜市中区日本大通18
☎ 045-671-4455
川崎市精神保健福祉センター
〒210-0004
川崎市川崎区宮本町 2-32
☎ 044-200-3195
相模原市精神保健福祉センター
〒252-5277
相模原市中央区富士見 6-1-1
☎ 042-769-9818

新潟県
新潟県精神保健福祉センター
〒950-0994
新潟市中央区上所 2-2-3
☎ 025-280-0111
新潟市こころの健康センター
〒951-8133
新潟市中央区川岸町 1-57-1
☎ 025-232-5560

富山県
富山県心の健康センター
〒939-8222
富山市蜷川 459-1
☎ 076-428-1511

石川県
石川県こころの健康センター
〒920-8201
金沢市鞍月東 2-6
☎ 076-238-5761

福井県
福井県精神保健福祉センター
〒910-0005
福井市大手 3-7-1

☎ 0776-26-7100

山梨県
山梨県立精神保健福祉センター
〒400-0005
甲府市北新 1-2-12
☎ 055-254-8644

長野県
長野県精神保健福祉センター
〒380-0928
長野市若里 7-1-7
☎ 026-227-1810

岐阜県
岐阜県精神保健福祉センター
〒502-0854
岐阜市鷺山向井 2563-18
☎ 058-231-9724

静岡県
静岡県精神保健福祉センター
〒422-8031
静岡市駿河区有明町 2-20
☎ 054-286-9245

静岡市こころの健康センター
〒420-0821
静岡市葵区柚木 240
☎ 054-262-3011

浜松市精神保健福祉センター
〒430-0929
浜松市中区中央 1-12-1
☎ 053-457-2709

愛知県
愛知県精神保健福祉センター
〒460-0001
名古屋市中区三の丸 3-2-1
☎ 052-962-5377

名古屋市精神保健福祉センター
〒453-0024
名古屋市中村区名楽町 4-7-18
☎ 052-483-2095

三重県
三重県こころの健康センター
〒514-8567
津市桜橋 3-446-34
☎ 059-223-5241

滋賀県
滋賀県立精神保健福祉センター
〒525-0072
草津市笠山 8-4-25
☎ 077-567-5001

京都府
京都府精神保健福祉総合センター
〒612-8416
京都市伏見区竹田流池町 120
☎ 075-641-1810

京都市こころの健康増進センター
〒604-8845
京都市中京区壬生東高田町 1-15
☎ 075-314-0355

大阪府
大阪府こころの健康総合センター
〒558-0056
大阪市住吉区万代東 3-1-46
☎ 06-6691-2811

大阪市こころの健康センター
〒534-0027
大阪市都島区中野町 5-15-21
☎ 06-6922-8520

堺市こころの健康センター
〒590-0808
堺市堺区旭ヶ丘中町 4-3-1

☎072-245-9192

兵庫県

兵庫県立精神保健福祉センター
〒651-0073
神戸市中央区脇浜海岸通1-3-2
☎078-252-4980

神戸市こころの健康センター
〒650-0044
神戸市中央区東川崎町1-3-3
☎078-371-1900

奈良県

奈良県精神保健福祉センター
〒633-0062
桜井市粟殿1000
☎0744-47-2251

和歌山県

和歌山県精神保健福祉センター
〒640-8319
和歌山市手平2-1-2
☎073-435-5194

鳥取県

鳥取県立精神保健福祉センター
〒680-0901
鳥取市江津318-1
☎0857-21-3031

島根県

島根県立心と体の相談センター
〒690-0011
松江市東津田町1741-3
☎0852-32-5905

岡山県

岡山県精神保健福祉センター
〒703-8278
岡山市中区古京町1-1-10-101
☎086-272-8839

岡山市こころの健康センター
〒700-8546
岡山市北区鹿田町1-1-1
☎086-803-1273

広島県

広島県立総合精神保健福祉センター
〒731-4311
安芸郡坂町北新地2-3-77
☎082-884-1051

広島市精神保健福祉センター
〒730-0043
広島市中区富士見町11-27
☎082-245-7746

山口県

山口県精神保健福祉センター
〒747-0801
防府市駅南町13-40
☎0835-27-3480

徳島県

徳島県精神保健福祉センター
〒770-0855
徳島市新蔵町3-80
☎088-625-0610

香川県

香川県精神保健福祉センター
〒760-0068
高松市松島町1-17-28
☎087-804-5565

愛媛県

愛媛県心と体の健康センター
〒790-0811
松山市本町7-2

☎ 089-911-3880

高知県

高知県精神保健福祉センター
〒780-0850
高知市丸の内 2-4-1
☎ 088-821-4966

福岡県

福岡県精神保健福祉センター
〒816-0804
春日市原町 3-1-7
☎ 092-582-7510

北九州市精神保健福祉センター
〒802-8560
北九州市小倉北区馬借 1-7-1
☎ 093-522-8729

福岡市精神保健福祉センター
〒810-0073
福岡市中央区舞鶴 2-5-1
☎ 092-737-8825

佐賀県

佐賀県精神保健福祉センター
〒845-0001
小城市小城町 178-9
☎ 0952-73-5060

長崎県

長崎こども・女性・障害者支援センター
障害者支援部精神保健福祉課
〒852-8114
長崎市橋口町10-22
☎ 095-844-5132

熊本県

熊本県精神保健福祉センター
〒862-0920
熊本市月出 3-1-120
☎ 096-386-1255

熊本市こころの健康センター
〒862-0971
熊本市中央区大江 5-1-1
☎ 096-366-1171

大分県

大分県精神保健福祉センター
〒870-1155
大分市大字玉沢字平石 908
☎ 097-541-5276

宮崎県

宮崎県精神保健福祉センター
〒880-0032
宮崎市霧島 1-1-2
☎ 0985-27-5663

鹿児島県

鹿児島県精神保健福祉センター
〒890-0021
鹿児島市小野 1-1-1
☎ 099-218-4755

沖縄県

沖縄県立総合精神保健福祉センター
〒901-1104
島尻郡南風原町宮平 212-3
☎ 098-888-1443

著者略歴
水谷 修（みずたに・おさむ）

1956年横浜市生まれ。上智大学文学部哲学科卒業後、横浜市で高等学校の教員となる。教員生活のほとんどの時期で生徒指導を担当し、生徒の非行防止や更生、薬物汚染の拡大予防に努める。2004年に高等学校の教員を辞職。在職中より「夜回り」と呼ばれる深夜繁華街のパトロールを通して若者とふれあい、全国の子どもたちから寄せられるメールや電話での相談に答え続けている。

現在は、大学で教鞭をとる一方、講演活動やテレビ・ラジオへの出演、新聞・雑誌への寄稿などを通して、子どもが直面する様々な問題について広く社会に訴えている。

【著書】『さらば、哀しみのドラッグ』（高文研）、『夜回り先生　子育てで一番大切なこと』（海竜社）、『夜回り先生　いじめを断つ』（日本評論社）ほか多数。

夜回り先生、
なんでドラッグを使っては
いけないんですか?

2015年5月25日　初版第一刷発行

著　者　　水谷修

発行者　　三好信久

発行所　　株式会社 東山書房
〒604-8454 京都市中京区西ノ京小堀池町 8-2
tel. 075-841-9278　fax. 075-822-0826
IP phone.050-3486-0489

〒162-0841 東京都新宿区払方町 1-3
tel. 03-5228-6311　fax. 03-5228-6300
IP phone. 050-3486-0494
http://www.higashiyama.co.jp

印刷所　　創栄図書印刷(株)

定価はカバーに表示してあります。
ISBN978-4-8278-1539-9
Printed in Japan